# 基层社会组织与近代河北社会治理
## （1840—1937）

吕书额　著

天津出版传媒集团
天津古籍出版社

图书在版编目（CIP）数据

基层社会组织与近代河北社会治理：1840—1937 / 吕书额著. -- 天津：天津古籍出版社，2024.8.
ISBN 978-7-5528-1493-4

Ⅰ．D672.2

中国国家版本馆CIP数据核字第2024WS3315号

## 基层社会组织与近代河北社会治理(1840—1937)
JICENG SHEHUI ZUZHI YU JINDAI HEBEI SHEHUI ZHILI

吕书额 / 著

| | |
|---|---|
| 出　　版 | 天津古籍出版社 |
| 出 版 人 | 张　玮 |
| 地　　址 | 天津市和平区西康路35号康岳大厦 |
| 邮政编码 | 300051 |
| 邮购电话 | （022）23517902 |
| 责任编辑 | 门　辉 |
| 封面设计 | 鞠佳美 |
| 印　　刷 | 北京虎彩文化传播有限公司 |
| 经　　销 | 全国新华书店 |
| 开　　本 | 880毫米×1230毫米　1/32 |
| 印　　张 | 8.75 |
| 字　　数 | 158千字 |
| 版次印次 | 2024年8月第1版　2024年8月第1次印刷 |
| 定　　价 | 48.00元 |

版权所有　侵权必究

图书如出现印装质量问题，请致电联系调换（022-23517902）

本书系河北省社会科学基金项目课题"近代河北地方自卫武装与基层社会治理研究（1840—1937）"（项目编号 HB19LS005）成果

# 前　言

呈现于大家眼前的这本书，是河北省社会科学基金项目课题"近代河北地方自卫武装与基层社会治理研究（1840—1937）"（项目编号 HB19LS005）成果，也基本汇总了近二十年我因对近代河北地方社会一些问题的关注而写的小文。

此处及后面著文中所说的"近代河北"，在地域范围上大致相当于今天的河北省加部分京津地区[1]。从 1840 年到 1937 年，中国历经晚清政府时期、北洋政府时期与南京国民政府时期，并在政局的大动荡中完成了向近代社会的急剧转型。今天的河北省及部分京津地区在那段时间里，在名称、具体行政区划范围等方面经历了些许变化，但如将其置入京津冀一体化的视野[2]

---

[1] 如今属北京西城、丰台等区的宛平县，今为大兴区、昌平区、顺义区、房山区、密云区的大兴县、昌平县、顺义县、房山县、密云县，和今属天津市的宝坻县。

[2] 对此，近年已有众多学者从不同角度进行了论证，兹不再赘述。

下,这些变化可以忽略不计。

如果说课题组以近代河北为研究对象,是因为我们对长期生活、工作之地一种关注的话,那么,我对近代河北地方社会的注意还是个人绕不开的乡情和对历史浓厚兴趣共同作用的结果,也与我的求学路及近些年的学界研究热点有关。儿时,我就特别喜欢听父辈、祖辈讲发生在他们身边的那些"过去的故事"。上学后,我最喜欢的课程之一就是历史,因为课上在老师的带领下回溯往昔后再转头看眼前时,总能令人心潮澎湃。今天,仍有一副十分清晰的场景盘踞在我心底:小学毕业考试前夕,我用一根树枝在学校外的一片空地上用力写下了如"义和团运动是一场轰轰烈烈的反帝爱国运动""辛亥革命后民主共和观念深入人心"等语句。今天想来,当时那些字不仅写进了泥土里,也仿佛刻进了我的脑海中。尔后,再经中学历史老师将古今中外历史与现实进一步连接,我逐渐咂摸出了"忘记历史就等于背叛,铭记历史才能开创未来"中包含的使命感与责任感;同时,也对自己出生、成长的地方"在层层社会变动冲击下到底都发生了哪些后人应该知晓的事情"有了更多的好奇和疑问。那时,仅靠检索以往的简单学习与朴素认知,很难把"听说的历史"和在教材上"看到的历史"联结起来,总觉得其中还缺少些什么,也就无法为自己的问题找到答案。可能是心中的这份执念使然,在经过几年英语教育专业的学习与工作后,我于 2001 年以跨专业的身份考入河北大学人文学院历史系,攻读中国近现代史专业的硕士研究生学位。初在黎仁凯、李金铮等几位老师的引领下,以历史学专业的眼光去认识历史、关注近代河北,后在刘敬忠老师的指导下以《国民军(西北军)与红枪会》为题完成学位论文,也由此开始聚焦政局动荡下的近代河北基层社会研究。2004 年 9 月,我又有幸进入首都师范大学历史系,在魏光奇老师门下继续攻读中国近现代史专业的博士学位。在梁景和、迟云飞等老师的带领下,我拓宽、加深了对近代河北地方的认识,利用假期深入了解自己家乡(河北省广宗县),到档案馆、图书馆、县政协等部门查阅地方文献资料,赴件只乡访谈景廷宾的后代、乡邻,求教当地从事景廷宾起义资料搜集、研究等工作的专家,在东召村村头、田间查看当年景廷宾等人捐资修建的石桥、景廷宾墓碑等。后来,在崔岷①师兄等人的帮助下,我将研究的目光集中到保卫团与近代河北地方社会,并在魏老师的辛苦指导下,完成了《河北省地方

---

① 现为南开大学历史学教授、博士生导师的崔岷师兄,当时在北京大学以晚清团练为研究对象攻读历史学博士学位。在定题、开题之前,崔师兄曾多次提到"你得理一理你关注的保卫团跟我研究的团练之间的关系",帮我拓展、深化思路。崔师兄的博士论文答辩会上,茅海建、罗志田等几位学者关于团练与地方社会关系的相关点评也给我很多启发。

保卫团研究（1901—1937）》一文①。在我的博士学位论文答辩会上，阮芳纪、郑起东、徐永志几位学术前辈的指点，不仅让我认识到在保卫团相关问题研究中有应再去深入完善的地方，也在研究思路上获得不少启发。博士毕业参加工作后，我沿着这些指导方向和既有的初步涉猎继续努力，申报相关研究课题、参加相关学术研讨会，从更多角度认识近代河北地方社会。

社会组织、社会治理，是近几年较为常见，且有着内在关联的两个名词。党的二十大报告提出："完善社会治理体系。"习近平总书记指出："基层强则国家强，基层安则天下安。"因此，在看到2019年河北省社会科学基金项目选题指南中列有"近代河北地方武装与社会治理研究"条目时，我想到了"从基层社会组织看近代地方社会治理"这一研究方向。

基层社会组织在地方社会治理体系中占有重要地位。而鸦片战争后，中国传统的基层社会治理模式受到冲击，且因政局连续动荡而凸显出地方社会秩序维护、地方治安在基层社会治理中的地位。近代河北的地方社会治理、基层社会治安与社会组织，因其地近北京而更具某些特殊性。在中央与地方政府外，

---

① 2016年12月，该文作为"廊师研究文库·历史卷（第一辑）"成果之一，暨廊坊师范学院博士基金课题"民国前期京津冀地区基层治安组织研究"（课题编号：LAWB201502）阶段性成果，由天津古籍出版社出版发行。

在基层社会还有哪些群体组织在社会治理中扮演着重要角色？其具体表现如何？不同名称下的各种基层社会组织在维护地方社会治安、推动社会治理方面有什么样的作用、影响？从今天来看，什么样的基层组织更有益于、适合于地方社会的发展？今天在相关工作开展过程中，是否可以从过去的历史中找到一些值得吸取的经验或教训？这些问题，都是可以也应该由历史学工作者去探讨的问题。

在传统中国，县是最低一级地方政权。学界虽就在县以下的基层社会治理中是否有"皇权下县"有不同看法，① 但就其中一些组织团体对地方社会治理的重要影响有较为一致的认同。有学者认为：古代中国从来都没有建立过拥有独立的明确管辖权的自治市，"城镇与乡村一样是被两种不同的组织机构联合管理的：其一是自上而下，直到各家各户的帝国中央集权辖区网，其行政治所只设置于县城内；其二是各种相互交叉的社团、陈

---

① 如：吕思勉认为"中国官治，至县而止"（《吕思勉读史札记》，上海古籍出版社，1982年，第1097页）；温铁军在《半个世纪的农村制度变迁》中提出"皇权不下县"（《战略与管理》1999年第6期）；秦晖质疑"皇权不下县"，认为完整的表述应该是"国权不下县，县下惟宗族，宗族皆自治、自治靠伦理，伦理造乡绅"；费孝通在《再论双轨政治》中提出"传统中国政治双轨制"（《费孝通文集》第四卷，群言出版社，1999年，第343—364页）；胡恒以国家权力在乡村的政权建设清初已始而至少质疑雍正中期以后的"皇权不下县"之说（《皇权不下县？——清代县辖政区与基层社会治理》，北京师范大学出版社，2015年）。

陈相因的非官方组织,这些组织并非由于有目的,或有明确公认的权利而产生,而是由一群有经常性联系、同住一个街坊、同参加某些活动与祭祀、有共同利益、或总体上都是休戚相关的人时时处处自发地形成的"①。由是,若对近代河北县以下基层社会组织在社会治理中的作用、表现及其实际运行状态进行分析,不仅可以为再讨论"皇权"是否"下县"提供些注脚,对那时的天子脚下之地多些认识,也不失为今天京津冀协同发展的背景研究多提供些参考。

史学界关于近代河北地方社会的既有研究,已取得不俗的成绩。除在一些没有划定区域范围的宏观探讨中有所涉及外,作为华北地域主要组成部分的专题性审视和以"直隶""河北"

---

① [美]西比勒·范·德·斯普伦克著,施坚雅主编:《城市的社会管理》,叶光庭等译,陈桥驿校:《中华帝国晚期的城市》,中华书局,2000年,第731—732页。

等为正面、微观研究范围的成果就层见叠出。① 这些已有研究都开阔了我的眼界，也让我进一步沉淀相关认识与思考。2019年7月，我主持以"近代河北地方自卫武装与基层社会治理研究（1840—1937）"为题申报的河北省社会科学基金项目，有幸获批立项，我们也由此有更多机会把相关认识与思考向诸位学术前辈请教、与同行交流。

虽然正面对近代河北地方武装与社会治理问题进行系统研究的成果目前在国内外学界还不多见，但在相关问题方面的论著及其观点给了我很大启发。

从这些成果问世时间先后来说，国内学界较早的当属20世纪30年代一些学者在宏观视野下对地方自卫武装与近代基层社

---

① 宏观地域范围探讨中涉及近代河北的代表性论著有如：费孝通的《乡土中国》、魏光奇的《官治与自治——20世纪上半期的中国县制》等。在华北视域范围内包含近代河北的代表性论著有如黄宗智的《华北的小农经济与社会变迁》、杜赞奇的《文化、权力与国家：1900—1942年的华北农村》、丛翰香主编的《近代记录与乡村》、苑书义等的《艰难的转轨历程——近代华北经济与社会发展研究》、乔志强和行龙主编的《近代华北农村社会变迁》、马若孟的《中国农民经济：河北和山东的农业发展，1890—1940》、内山雅生的《二十世纪华北农村社会经济研究》、郑起东的《转型期的华北农村社会》、李怀印的《华北村治：晚清和民国时期的国家与乡村》、王先明和郭卫民主编的《乡村社会文化与权力结构的变迁》等。以近代河北为直接研究对象的成果，近年更是集中出现于河北大学、河北师范大学、河北省社科院、邯郸学院等教科研单位，这些成果都丰富了我们对近代河北不同层面的认知，也为我的相关研究提供了很多有益参考。

会治理问题给予的初步关注。如，王怡柯的《农村自卫研究》、张梦华的《民团之研究》与闻钧天的《中国保甲制度》都表达了对"国民武装"的重视，并因应国民政府推行地方军事化之需，点评当时各地的办理情况，附录民团、保卫团法规。这些著述也因此成为日后相关研究的重要参考文献。李景汉的《定县社会概况调查》在介绍"县政府及其他地方团体"时提到"各村皆有"的保卫团、青苗会等自治组织，其将保卫团纳入地方自治范畴的做法对后来学界产生了重要影响。

自 20 世纪 80 年代社会史、区域史研究兴起后，学界相关研究成果增多，且因学者们的关注点不同而由不同的切入点论及近代河北地方自卫武装与基层社会治理问题。其中，就近代河北地方自卫武装与基层社会治理问题进行正面研究的成果，主要是近些年以新开放档案为主要资料，或以历史学、政治学、社会学、宗教学等多学科研究方法，对青苗会、红枪会、保卫团的聚焦。其中的优秀学者代表及其研究对象有如：杨念群、张思、王洪兵、张松梅等对华北青苗会的讨论；关于红枪会的研究，或因其具有一定的宗教色彩而多在秘密社会史研究层面展开，或集中关注中国共产党对红枪会的改造工作。前述为攻读博士学位而作的拙文《河北省地方保卫团研究（1901—1937）》，主要在梳理清末新政到卢沟桥事变前河北省地方保卫团变迁的基础上，从国家政权建设的视角评析了其制度设计到实际操作之间的距离表现，素描其在基层社会与其他社会势力间的关系等。但因当时时间与能力有限，有些资料未能引用，有些观点没能深入展开，也有些问题没有涉及。

有些从社会史、政治史和经济史的角度探讨近代华北农村变迁的论著，对近代河北地方自卫武装与基层社会治理问题有所涉猎。这类研究成果自二十世纪八九十年代至今，时有问世，数量也相对较多。其中有些学者从地方自治的角度论述了保卫团、联庄会等地方武装在基层社会的表现。如苑书义、任恒俊、董丛林等著《艰难的转轨历程——近代华北经济与社会发展研究》，和乔志强主编的《近代华北农村社会变迁》。这一研究思路也有见于严兰绅主编的《河北通史》清朝下卷（方尔庄著）、民国上卷（朱文通、王小梅著），和魏光奇的《官治与自治——20世纪上半期的中国县制》、郑起东的《转型期的华北农村社会》等。相对而言，郑著关于枪会、青苗会等地方武装在地方社会治理中的表现着墨最多。王先明、张鸣等学者在其关于社会结构变化的著述中，探讨了地方武装对近代基层社会的影响。这些研究成果多数是着眼于全国，而对河北地区少有专论。也有一些地方文献，在提到团练、保卫团等地方武装形式时，简单冠以"反动地主武装"的定语，论述较少。

还有些学者在自己的研究领域中对近代河北地方自卫武装，或者社会治理问题有所涉及。如韩延龙、苏亦工的《中国近代警察史》在论述民初警政的发展时,将地方保卫团、商团等作为"警察辅助组织"做了制度层面的介绍。该著着眼于全国范围,但在其行文或注引文献中多次以京兆地区为例。程歗在注目义和团时,提到时局动荡与地方自卫武装对区域社会变迁的影响。任吉东、王洪兵以获鹿县、宝坻县为中心对近代华北乡村社会治理问题进行专论,但就地方自卫武装在其间的影响关注不多。苑雪燕的硕士学位论文《杨以德——以北洋时期天津社会治理为中心进行考察》(河北师范大学 2017 年)独辟蹊径,以警察厅长为研究对象考察了北洋时期天津的社会治理。

  国外学者关于近代河北地方武装与基层社会治理问题研究,整体成果较少。已有相关研究大致可以分为两类:一是对地方自卫武装做直接研究,以日籍学者马场毅、三谷孝为代表。他们主要是从秘密社会的角度,对 20 世纪 20—40 年代活跃在河北等地的红枪会进行论说,并解读了他们与各种政治势力间的关系。前者已有著如《近代中國華北民眾と紅槍會》,后者著有《秘密结社与中国革命》等。另一类是在其研究领域做宏观性论说时涉及近代河北社会治理,或者简单提及某一地方自卫武装。这些研究主要因其提出了某些概念、理论、观点,而在学界影响较大。如二十世纪七八十年代加拿大籍学者陈志让提出的"军绅政权";九十年代美国学者周锡瑞对中国"地方精英"的解读;20 世纪末 21 世纪初的"中国乡村社会研究丛书"主要从经济层面聚焦华北乡村社会的［美］黄宗智的《华北的小农经济与社会变迁》、［日］内山雅生的《二十世纪华北农村社会经济研究》。［美］杜赞奇的《文化、权力与国家：1900—1942年的华北农村》提出了"权力文化网络"的概念和"国家权力内卷化"的观点，认为"保护型经纪"被"盈利型经纪"取代时，乡村武装等发挥了推波助澜的作用。［美］裴宜理的《华北的叛乱者与革命者（1845—1945）》认为，20世纪20年代末淮北红枪会的掠夺和仇杀行为标明其吸纳了"掠夺因素"，但总的来说"并没有失去其基本的防卫目的"。这一观点为本项目提供了巨大启发。美籍学者李怀印利用河北省获鹿县历史档案解读近代华北乡村治理，成果显著，但对在近代河北基层社会占有一席之地的地方武装问题，在其著述中少有论及。

这部书作是在前人（包括之前的自己）已有研究基础上，努力做出的一些新探索。书中收入的主要是我近年写的一些小文（有的是在原参加学术研讨会的基础上修改而成）。从内容上来说，大体包括以下几种：（1）在博士学位论文的基础上对保卫团的继续关注。在研究角度、方法及相关理论层面，这些文章吸收了外审与答辩时诸位专家所提到的宝贵意见，对保卫团进行更多视角的解读；在资料方面，增加了近些年搜集的更多相关资料，涉及新、旧方志与时人的社会调查和政府公报、《益世报》等当时社会发行量较大的报刊等。同时，也参考了学界前沿成果，吸收相关论著之长。（2）对团练、山北社、商会等与近代河北基层社会治理问题的探讨。这是对除保卫团外活跃于近代河北基层社会其他组织的扩展性关注，也是再深入相关研究时一种自然的对象延伸。与保卫团相比，这些基层社会组织在成员组成、活动范围等方面有其自身特点，但都不同程度地对近代河北地方社会治理有一定影响。而且，这些社会组织之间有着千丝万缕的联系。将它们一起纳入基层社会治理的视野下的集体关注，是对近代复杂地方社会的真实呈现，也是从一个新的角度认识近代河北，甚至近代中国。（3）包括地方士绅群体于基层社会治理中作用的探讨，枪会、保卫团等自卫组织与青苗会、警察等自治组织及宗族、团练等基层社会组织在近代河北地方社会的影响，等等。

2023年12月11日的《人民日报》刊出整版文章，探讨"加强基层治理研究"。① 而认识和理解当代中国的基层治理，需要了解传统中国在基层社会治理方面的特点。历史留给我们思考，不仅丰盈着祖辈以个人记忆、眼光对过去的讲述与传统著述中粗线条历史展示之间的空白，满足对丰富多彩历史的认知需求，也是我们走向未来时的有益借鉴。余虽已爬耕近代河北地方社会研究二十年，但仍自认为是个初学者。因能力有限、

---

① 《人民日报》2023年12月11日，第9版。

# 目 录

绪论 …………………………………………………… 001

清末直隶基层社会组织概览 …………………………… 008

太平天国运动背景下的直隶团练与地方士绅 ………… 022

从团练到保卫团

  ——论近代地方武装制度的演变 ……………… 030

基层社会治理视野下的保卫团与近代京畿治安 ……… 067

地方史料中的北京顺义保卫团 ………………………… 089

近代民间治理中的地方保卫团

  ——以20世纪前期北京及周边为中心的考察 ……… 114

近代基层社会治理中的地方保卫团

  ——基于1930年前后燕京大学对北平及

    附近地区调查的研究 ……………………… 141

基层社会治理中的民间力量考察
　　——以民国前期的廊坊为中心 …………………… 164
热河基层武装组织及其社会治理初探
　　（1912—1933） ……………………………………… 178
"山北社"已有书写述论
　　——兼考《中国近代史资料丛刊·北洋军阀
　　（1912—1928）》史料若干 ……………………… 206
参考文献 …………………………………………………… 246
后记 ………………………………………………………… 258

行文仓促，文中有对资料运用、解读不当，或观点有所偏颇之处，还望得到前辈和同行的指正。不胜感激！

吕书额

二〇二四年元月于陋室

# 绪 论

一般来说，基层指县及县以下的社会，基层社会治理中既有官方对县及县以下实行的社会管理，也有民间的"自治"行为。晚清以降，传统的社会治理模式受到冲击，原治理体系中"官""民"之间的力量对比被打破，中国基层社会中的治理对象、问题表现等也更加复杂。

社会秩序稳定是任何时期国家、民众的期待。因此，基层社会治安在社会治安中有关键作用的组织，都是十分重要的。鸦片战争前后，活跃在基层且担负一定社会治安功能的社会组织随时代变迁而出现重大变化，这些变化具体表现有哪些，他们又对接下来的社会治理产生哪些影响，是《基层社会组织与近代河北地方治理（1840—1937）》一书所致力的目标。

首先，通过《清末直隶基层社会组织概览》一文对鸦片战争后兴起的近代河北地方的一些基层社会组织做一个概括性描述。这既是该研究成果的起点，也是接下来进一步细论不同基层社会组织的铺垫。从1840年鸦片战争到1911年的辛亥革命，相对南方省份和大中城市而言，直隶基层社会结构貌似变化不大。但如果把视野放长远些就会发现,此时存于其间的一些社会组织犹如草蛇灰线,细入无间,埋下推动这里日后社会变迁的一粒粒种子。通过地方志等文献可见,清末活跃于直隶地方社会的基层组织有团练、青苗会、宗族、商会等。对这些基层社会组织进行个体横切与群体性聚拢,探讨其在当时地方社会治理中的表现、影响,既可以深化对清末河北的认识,也可以从中略窥其时效之后续——民国时期河北地方社会变迁的波及性影响。

第二篇文章《太平天国运动背景下的直隶团练与地方士绅》既是对第一篇论题的延续,对其中的团练进行聚焦,也是就目前学术界主要探讨南方团练、北方的山东团练,而对直隶地区关注不足的一种努力弥补。但在细细翻阅地方志等地方文献时不难发现,在关于清中后期地方社会的叙说中,浓笔重墨的起端多是咸同年间"粤匪起",随之而增的文字多是关于地方上兴起的一些团体组织及组织这些团体活动的士绅们。这些基层组织的兴起及领导这些组织的士绅,在"千年未有之大变局"的冲击下的表现,可谓近代直隶基层社会治理的一种直接体现。从他们的表现中,可见近代河北地方社会开始慢慢转型,也可见近代河北地方社会治理的复杂性。这些都成为分析近代河北下一阶段发展时,不可忽视的历史暨社会背景。

如果说,清季以降,因政局的急剧变幻,清政府从 19 世纪中叶旨令各省兴办团练,是国家对基层武装自卫组织的态度和政策不得不做出的相应调整。那么,民国初年北洋政府通过《地方保卫团条例》等倡导各地创建保卫团,1920年代末到1930年代中前期,南京国民政府通过《县保卫团法》等令各地改组保卫团,则可视为近代地方武装制度的逐步形成。在这一过程中,各种名目的地方自卫组织逐渐有了一个统一的名字"保卫团"。在北洋政府、南京国民政府及直隶地方政府对保卫团的整理过程中,这些武装组织不仅是国家加强基层社会治理的工具,也逐渐成为基层社会权力结构中的重要力量,多方作用于基层社会治理,有时反而成为需要治理的对象。因此,《从团练到保卫团:论近代地方武装制度的演变》一文从团练到保卫团的考察,不仅是对近代地方武装及其制度演变轨迹的梳理,也是借以展示近代河北乡村社会、解读国家与地方社会治理的一个视角。

接下来的四篇《基层社会治理视野下的保卫团与近代京畿治安》《地方史料中的北京顺义保卫团》《近代民间治理中的地方保卫团——以20世纪前期北京及周边为中心的考察》和《近代社会治理中的地方保卫团——基于1930年前后燕京大学对北平及附近地区调查》,貌似都是对北京及周边地区地方保卫团的关注。但《基层社会治理视野下的保卫团与近代京畿治安》属于在前论"近代地方武装制度"形成后,对北洋政府制度设计下的保卫团进行先期审读——在袁世凯的《地方保卫团条例》等制度中，保卫团肩负维持地方治安的职能，对"天子脚下"的京畿地区更为重视。那么，其煞费苦心地通过组建保卫团加强基层社会治理的手段在实际运行中效果如何？该文认为，清末至20世纪30年代中期，京畿一带的治安与他处有异有同，其地方保卫团的表现也随之有所变化。在警政办理较好的地区，保卫团起到了辅助警察的作用；在警力不足的地区，保卫团则弥补了地方治安中的空虚。总体看来，京畿地区保卫团的实施基本在规章制度规定的范围之内。但同时，因相同的大环境，京畿地区的保卫团也存在与他处相同的问题与不足。这些是由保卫团的地方武装性质及近代京畿的特殊性决定的。接下来的三篇文章致力于，同样的研究对象，在不同的文献中如何被展现；从不同的视角对同被称之为"保卫团"的基层组织进行审视，会得到什么样的镜像；今天我们用不同的研究方法去解读同一段历史，又会有哪些发现。通过档案、地方志等地方史料，我们看到的顺义保卫团是极富地方色彩的基层自治组织，虽然有"官治"的努力，但似乎成效不大；在《视察特刊》《政府公报》等官书中，我们看到的保卫团"官治""民治"色彩兼备，孰轻孰重与具体区县的经济发展状况关系密切。由此，从一个新的角度证明了经济是基础的马克思主义哲学基本原理。

1930年前后，燕京大学社会学系的师生对北平及其附近地区展开田野调查,在其来自历史一线的"报道"中,我们看到了基层社会的零零碎碎、历史实有的色彩和温度。"以科学的态度、客观的方法,研究社会的现象"也让我们看到了档案、地方志等史学角度外的历史。保卫团本系民众因自卫之需而自发组建的武装团体,是越过了血缘关系的一种地缘组织。因为"国家政权基层建设"之需,它获得了官方赋予的名号与合法存在的法律保障,除此之外没有其他。因此,这种始于地方自卫之需的民间武装在20世纪前期中国基层社会的存在,也是除了顶着那顶"官帽"外,基本再无其他——继续根据地方自身的实际需要与否而自由地兴起或解散,有的地方甚至连这个"帽子"也不要。保卫团的这种社会状态,在从民初到抗日战争全面爆发的二十余年中,实际上在很多地方甚至其他基层社会组织中都存在。出现这样尴尬的局面,其原因是多方面的。从政府层面来说,其混淆了"国家"与"社会"的界限,哪些事务属于国家职责或权力范围,哪些事务属于社会自治范畴,模糊不清。既想将地方武装纳入国家控制体系,又不能给予经费支持等根本性帮助,所以对其控制也只能是有心无力。从民间武装自身来说,其既希望得到官方的认可,获得合法存在的地位,又难以抛却保(小)家自卫的格局,所以在"接受招安"与继续拼命"占山为王"间摇摆不定。双方也不是没有和谐共存的可能。换个角度,扬各自所长、发挥各自之优势,避各自之所短、吸收对方之长处，两者或许能共处得很好，这算是那段历史留给我们的一种思索。

最后三篇在原计划研究对象的基础上有些拓展。以廊坊为中心考察基层社会治理中的更多民间力量，如胜芳商团，从而在学界主要探讨江浙商团时将视线延长到近代河北除保定、天津之外的地方。《热河基层武装组织及其社会治理初探（1912—1933）》一文将承德纳入京津冀协同发展视野去研究那段历史。起于易县，发展至涿州、固安、房山等地的"山北社"在继续京津冀一体化分析的同时，从史学史、史料学的角度梳理其已有书写，论述其间的价值，同时考证了相关史料的小瑕疵，算是就基层社会组织与社会治理问题做深入研究时偶然拾到的一个贝壳，可以为日后相关研究做些提醒。

总之，经过爬梳方志等地方文献与时人的社会调查、政府公报、报刊等史料，对近代河北一些主要基层社会组织与地方治理问题的集中讨论，丰富、拓展并在一定程度上加深了关于近代河北，甚至是近代中国历史的研究，为相关问题研究做了些学术尝试。文中所附的一些相关史料原文，使得本研究成果又有了工具性参考用书的一重学术价值。同时，结合近代河北基层社会组织与地方治理的经验教训，为今天的社会治理、地方治安维护等提供了一些对策性、建议性参考，是为该课题研究的现实意义暨实践价值。

上述研究除在问题研究层面努力创新外,还在相关资料方面极力穷尽。最后来看,这些成果运用的主要参考资料有以下几类:

1. 各种官方文书、档案,如《政府公报》北洋政府和国民政府有关机构的历史档案、各县编辑的县政报告等。这些资料的重要价值为:(1)权威反映各个时期的有关官方制度设计;(2)可以为各个时期基层组织的实行情况提供一般性统计和描述;(3)其中实际实行情况的实例可以折射出某些制度的实行情况与其法律法令规定之间的差异;(4)可以为判别其他资料的真伪、矫正其中的错误提供参照。

2. 各个时期的地方志。地方志在反映各个实际情况方面,较为真实可靠。

3. 当时的报纸、刊物。如天津《益世报》等,对当时一些基层社会状况的反应较为真实、及时。

4. 当时、当事人的回忆。20世纪80年代以来,各地县(市)政协编辑的"文史资料选辑"收录有大量关于近代县制的回忆。这些资料有一部分系根据本县(市)地方志的有关内容整理而成,其他则为当时、当事人对亲身经历的回忆(有些系根据采访整理),能够较为真切地反映历史情况。但是,由于年代久远等原因,其中也存在不确之处,需要依据其他资料进行考辨。

基层社会组织与
近代河北社会治理（1840—1937）

# 清末直隶基层社会组织概览

从 1840 年鸦片战争到 1911 年的辛亥革命，相对南方省份和大中城市而言，直隶基层社会结构貌似变化不大。但如果把视野放长远些就会发现，此时存于其间的一些社会组织犹如草蛇灰线，细入无间，埋下推动这里日后社会变迁的一粒粒种子。以往学界在专题探讨近代华北地区青苗会等社会组织时①，对清末直隶有所涉及，但难以形成对整个近代河北基层社会组织的线性或面状认识。从现有可查阅资料及学界已有相关研究成果看，清末活跃于直隶地方社会的基层组织有团练、青苗会、宗族、商会等。本文在已有研究基础上，对这些基层社会组织进

---

① 如周健、张思、杨念群、张松梅等人对青苗会的研究。郑起东著《转型期的华北农村社会》第一编"农村社会结构"，将"农村社会组织"分为自治组织、自卫组织、互助组织、教育组织、娱乐组织、宗族组织、宗教组织等几种形式。该著认为，1840—1911 年，华北农村社会结构在形式上变化较少、实质变化较大；民国时期，从形式到实质都出现了较大变化。原为农村最古老的社会组织——宗族组织已不是农村社会组织的主要形式，取而代之的是各种各样的自治组织、自卫组织、互助组织、文化组织和宗教组织。这些组织既相对独立又互相包容，其中，自治组织是各种农村社会组织的基本内核。

行个体横切与群体性聚拢，探讨其在当时地方社会治理中的表现、影响，并略窥其时效之后续——对民国时期河北地方社会变迁的波及性影响。

# 一、清末直隶团练

与当时其他地方相比，清末直隶团练有共性，也有自己的一些个性。这与团练在清末兴起的原因，及其作为一种基层社会组织的本性息息相关。

团练是自古代中国即有的一种地方武装组织，既有"官治"（至少"官督"）的色彩，也因深深依存于基层社会而有些"自治"的因素，只不过在不同时期其中的比例有所不同而已。团练最早出现于基层社会的具体时间，目前学界还有不同的说法[①]，可以达成基本一致看法的是：19世纪以前的团练基本都

---

① 即便是作为工具书的词典，对团练的说法也不尽相同。如：陈旭麓主编的《中国近代史词典》对"团练"一词的解释为："意为团集训练，历代封建统治阶级用为编练的地方部队的名称，始见于唐。"（上海辞书出版社，1982年，第210页）。中国社会科学院语言研究所词典编辑室编的《现代汉语词典》对"团练"一词的解释是："宋代到民国初年，地主阶级用来镇压农民起义的地方武装组织。"（商务印书馆，2005年，第1383页）

是临时招募，且旋募旋散；自嘉庆年间赖乡兵镇压白莲教起义后，遇有战事，朝廷常命各地召集团练。有学者在形容19世纪中期各地方团练之普见时称，"如果说嘉庆年间镇压白莲教和天理教起事、清剿华南海盗和鸦片战争期间的沿海'防夷'仅为一省或数省的局部动员，那么团练在咸同时期可谓得到空前程度的推行"，从最初针对广西的"通省行团"的动员到继而实施于华中、东南、华北各省，广大乡村"渐次进入前所未有的'军事化'时代"。①

团练在19世纪中国基层社会的普遍存在，包括在清末直隶的出现，与太平天国运动的兴起有直接关系。咸丰初年，清政府一改其传统的使之"散"或"静"的驭民原则，一再谕令各地"通省"举办团练，并在两年的时间内先后向18行省中的14省派任近300名"团练大臣"，造就了"清季最具规模的一次民众动员"②。这是清政府目睹其所倚重的绿营在与太平军的作战中屡战屡败、不堪重用，而慌乱不堪使然，也是其要在原有的地方官僚系统之外建立一套新的社会控制系统的抉择。当然，这套新系统此时与旧有的地方官僚系统是平行的，这两个系统

---

① 崔岷：《游移于官绅之间：清廷团练办理模式的演变（1799—1861）》，《史学月刊》2019年第7期。

② 崔岷：《咸丰初年清廷委任"团练大臣"考》，《历史研究》2014年第6期。

都有清廷所赋予的维护治安、征收赋税和团练经费等权力。发生于地方社会中的这种权力结构变动不仅在当时极为引人瞩目,即便放在整个中国地方政治制度史上,也可称得上"千年未有之变局"。因此有学者指出:"非洞悉保甲团练,不足以对19世纪中国政治、军事的实质与基层地方社会结构有一个完全而明确地把握与认识。"①

清末直隶地方原有的官僚系统对咸丰帝一再谕令的紧张慌乱并没有做出高度的迎合:咸丰初年有组织团练,但规模不大,且在基层社会治理中的表现较为单一:对内镇压民众,而对来犯的外敌实力不支。如据民国《威县志》载,该地"自顺治六年至咸丰四年,约二百零六年,威境无寇警,各省战事距威境亦甚辽远,百姓尚得安堵",故虽咸丰帝在1853年即下令各省在籍官员举办团练,是年9月太平军也由山西进入直隶境内,但次年才有知县李钧善"以粤匪寇临清,密迩威境,招回勇者百名,以备不虞"。后来,这支团练武装对地方社会治理的参与不在对抗北上的太平军上,而是被知县李钧善用于镇压饥民暴动中。该县志有载,"(咸丰)五年,岁大饥。乡民向县宰李钧善要请缓征。李不允,且操之急,激成民变。突来万余人用石

---

① 宋桂英:《清代团练问题研究述评》,《文史哲》2003年第5期。

撞北城门，汹汹至县署。李怒令回勇击退之。"① 及咸丰十一年（1861），山东发生以张善继为首的白莲教起义，并在接连攻陷邱县、曲周、清河等地后5次围攻威县城，用数尊铁炮向城内轰击。此时，城内的"回勇"已无力回击，即便是围城前大名道王榕吉所带"到威县城解围"的500名开州士兵也被起义军围困。直至正定府士兵800人会同宫胜保所率大军的前锋部队到威县后，与起义军展开激战，"起义军感到寡不敌众"②，数月后被镇压下去，才结束了这场被称之为有清一代"最甚"的"威境兵患"。③ 但经此役后，加上此时宋景诗及其部将杨蓬岭、于洛体、程顺书及其妹五姑娘等为首的白莲教起义军"一岁过境数次，所至焚掠，民不聊生"，当官方再有办理团练之命时，威县地方的表现才变得极为积极。据载，同治四年（1865）该地"奉令办理团练"时，"器械之精锐，声势之联络，威独为诸邑冠"，且"与流寇屡战皆捷，杀贼多名"。此后，捻军起义首

---

① 崔正春修，尚希宾纂：民国《威县志》卷二十《兵事》，成文出版社，1976年影印版，第1532页。

② 威县地方志编纂委员会编，张桂菊主编：《威县志》，方志出版社，1998年，第604页。

③ 崔正春修，尚希宾纂：民国《威县志》卷二十《兵事》，成文出版社，1976年影印版，第1534页。

领张宗禹率众在直隶境内南北转战 20 余次，均未过威县境内。① 起义军被镇压后，这些团练武装被解散。嗣后，这里的团练又随局势变化几经组织、解散。

纵览以威县为代表的地方团练的起伏不难看出：这里的团练因官方组织而出现或消散，但其活动规模大小及其表现主要取决于地方社会的需要。即：团练在地方秩序维护中表现出的蓬勃生命力，是其被清末直隶地方社会所接纳的重要因素。尔后，以"保卫团"或"民团"之名滥觞于清末民初的一些基层社会组织也有这样的特征。

## 二、 清末直隶青苗会概况

青苗会是近代中国乡村地区普遍存在的一种社会组织，且为参与基层社会治理的重要力量，直隶也不例外。

目前学界关于青苗会的渊源及其最早出现的时间、地点，有不同说法②，但如果联系已基本公认它在近代乡村社会变迁中

---

① 威县地方志编纂委员会编，张桂菊主编：《威县志》，方志出版社，1998 年，第 589 页。

② 如关于青苗会的起源有联系祭祀、节庆、民间信仰等提出的唐朝说、宋朝说，也有联系其"看青"等活动提出的明清之际说、清末民初说等。

表现出的多样性，则只需具体谈论其在各地的不同表现即可。

从清末及民国时期的相关文献资料看，直隶青苗会同大多数地区的青苗会一样：在传统中国即存于民间，当时主要与青苗神信仰有关。如乾隆时期的名臣纪昀就有称："余乡青苗被野时，每夜田垄间有物，不辨头足，倒掷而行，筑地噔噔有声，农家习见不怪，谓之'青苗神'。"① 在满铁对顺义县沙井村做的调查中记录有当地村民称："青苗神是青苗的神，在作物成长的时候保佑免受伤害"。② 李景汉率众在定县进行调查时也发现当地有些"关于迷信的习俗"，其中"关于农事的迷信"中有一项为"野外撒饭"。即："农忙的时候，农人在地里做活，离家很远，不能回去吃饭，家里就要送饭到地里。在吃饭之前，先盛一勺饭，撒在地上，叫作敬'青苗神'。据说田里有一位'青苗神'手拿小鞭，绕地行走。吃饭不敬他的，他就用小鞭打庄稼穗，叫庄稼不茂盛。凡是吃饭敬它的就使庄稼茂盛。"③ 既为"习俗"，显然这种民间信仰活动沿袭已久，并且与民众的生产生活息息相关，成为这里历年约定俗成的一种活动。

同时，直隶青苗会也在随近代社会环境的变化而成为一种

---

① 〔清〕纪昀：《阅微草堂笔记》，上海古籍出版社，1980年，第113页。
② 中国农村惯行调查刊行会编：《中国农村惯行调查》（第一卷），东京岩波书店，1981年，第213页。
③ 李景汉：《定县社会概况调查》，上海世纪出版集团，2005年，第384—385页。

地方自卫组织,从"看青"到参与更广范围的基层社会治理事务。如在顺天府档案中可见一份资料为,光绪三十三年(1907)宝坻县青苗会主动担当起处理村内畜牧纠纷的责任:几个村青苗会会首联请官府发放告示,"严禁撒放牲畜践食麦苗以重民生"。值得注意的是,知县对此给予了正面回复:"尔等凡有羊只猪牛牲畜之家,各宜在于荒场散放,勿得践食麦苗,倘有无知之徒如敢故违,许该乡保、首事人等扭获送县,以凭罚办,决不姑宽。"① 即:官府"部分地授权青苗会首事处理此类纠纷,青苗会与官府在维护社会秩序这一共同利益驱使下达成共识。"②

及至清末,如青苗会这些有一定历史的基层社会组织不仅在社会治理层面获得了地方的认可,行事还有了自己的流程和章程。如据李景汉调查,定县各村因"每到夏秋的时候,庄稼都要成熟,恐怕庄稼被人偷窃"而都有青苗会,"目的在看护庄稼,防备偷盗"。"会长多为村长佐担任,雇村中无职业者4人至6人",就叫"看青的"。青苗会的会所多在村公会或村长佐家,但看青人居无定所,一般"自己选择庙宇、闲房休息"。

---

① 中国第一历史档案馆馆藏顺天府档案(嘉庆十七年十月二十五日),档案号:153-059-41-062、153-059-41-062。
② 张松梅、王洪兵:《青苗会组织渊源考》,《东方论坛》2010年第1期。

"看青的"每天到田间分头巡视,"遇有偷盗庄稼的,把他捉住,送到村长佐家,或村公会",由村长佐责问并酌定罚项。看青人每人每日工资一角左右,自备食物,工资完全由村中公款支出。如有失职,可能会受到责罚。如有某家庄稼被偷,而偷庄稼人未被"看青的"捕住,该家可向地方声明并告知村长佐,村长佐验明被盗情形,由看守该处庄稼的"看青的"负责查出。如不能查出时,则由村长佐及地方共同按损失的情形,酌量扣除看青人的工资。定县曹村因种苜蓿者居多,村中时有在田里放牛羊马猪的事情发生,"也有在地里割草的"。为此,该村长佐公直为青苗会制定了责罚章程:(一)在苜蓿地割草者罚洋二元。(二)放骡马者罚洋五元。(三)放驴牛羊猪者罚洋二元。(四)在庄稼地内割荞草者罚洋一元。①

由此可见,清末直隶青苗会已发展为既传统又现代、既公办又私有化的综合性社会组织。

## 三、传统宗族与新型自治组织

相对而言,宗族因有血缘关系、亲属关系的羁绊,是一种

---

① 李景汉:《定县社会概况调查》,上海人民出版社,2005年,第114—115页。

更为紧密的基层社会组织。而且，这种关系是天然的、不可改变的。尤其在面对共同的利益、荣誉、责任和义务时，宗族的内吸力更强，相对于整个社会来说，它更像是一个组成部分、一个社会单位。

在清末的直隶地方，其宗族势力虽不如南方那般强盛，但在基层社会治理中也是不可小觑的一股势力。如安次县大北隐村，是一个距县城5公里的普通农村。20世纪30年代燕京大学社会学系在对该村的社会组织进行调查时还发现：家族在村中的势力虽"不如从前的大"，但"并未完全消灭"，"在选举村中某种会社领袖的时候，还可以看出其中政治的背景，依然潜伏着家族观念在里边"。全村有百余户、不足千人，村内的19个姓氏中以田氏等家族为最大，"共有42个家庭，户口差不多占全村三分之一"，又其中39家完全居住在一个村落里，他们甚至自己称为"田家北隐""田北尹村"。自清光绪年间到20世纪30年代中期，该村村长几乎被田氏包办。据调查，"这种原因，一则是田氏家族比别的族户多，二则是他们的地亩房产也多，三则他们完全占据了一个村落，所以他们能有较大的势力。"其他姓氏家族也都有他们自己的"族长"作为该族领袖。每逢清明佳节，各族人都各聚一处祭祀祖先，并到祖宗地扫墓。较大的家族，还要在清明节聚餐，只不过聚餐的次数，"要看那一族的祖宗给留下的遗产多寡而定"。在当地人看来，"这种家族的会聚，可以使全族的人发生团结一致的思想"。①

除如传统宗族外，在清末直隶作用于地方社会治理的还有随社会变迁兴起的一些新型组织。如：同光年间，一些自治组织兴起。定县东亭村的公差局即成立于光绪年间，"是村长与公直组织的"，"目的在替村中公家办事"，以村中公款与公地所得充作经费。1900 年，学校董事长与董事等组织成了学校董事会，"目的在办理学务、保管学校基金"。学校董事会设正、副董事长各 1 人、董事 3 人，"他们的职务在讨论学校事宜"。②

随着"新政"的深入与时人观念的转变，在清亡前十年，开始逐渐出现一些较为"时髦"的、专业性较强的社会组织。如：光绪末年，藁城县创设自治会，"由各乡镇公推有品学者，入会研究，号为自治生。一时民权大申，人才称盛。兴利除弊，大有造于本县也。"同时，还成立了"以除弊改良、增进全县农家之利益为主旨"的农会，"凡有农业之学识、经验及耕地、牧场与经营农业者，皆得入会为职员"。县农会设正、副会长各一人，时有会员十人。"时遇秋夏开会，以图农事之发达。"③ 1910

---

① 田德一：《一个农村组织之研究——家族及村治》，《社会学界》第八卷，1934 年。
② 李景汉：《定县社会概况调查》，上海人民出版社，2005 年，第 111—112 页。
③ 林翰儒纂：《河北省藁城县乡土地理》，成文出版社，1968 年据 1923 年石印本影印，"中国方志丛书"华北地方第 162 号，第 42、73 页。

年，定县创办了农会，"目的在提倡农林、保护麦苗"；1911年，设立了内务公会（商会前身）①。

还有些时有时无的组织，如定县东亭村的支应局。该组织是由村长佐与公直组织成立的，除了村长佐外，还有十余名职员。因其目的在于支应军粮，"负支应的责任"，"所以随时成立，随时停止"。支应局没有固定的经费，"随出随入，来源按地亩多少均摊，用途皆为支应兵差。"②

## 四、结语

如果说，里社保甲坊厢、家族宗族乡族、行业组织与经济型乡族组织三大系列社会组织是清代基层社会的构成要素③。那么，至少在晚清时期直隶地区的基层社会中的社会组织，除传统的保甲、宗族、行业组织外，还有一些其他形式、名目（或性质）的基层社会组织也存在并作用于社会治理，呈现出转型

---

① 李景汉：《定县社会概况调查》，第109—110页。
② 同上书，第112页。
③ 张研在《清代中后期中国基层社会组织的纵横依赖与相互联系》（《清史研究》2000年第2期）一文中指出，清代基层社会的各构成要素具体为三大系列社会组织：里社保甲坊厢、家族宗族乡族、行业组织与经济型乡族组织。

期的社会特征。

上述关于清末基层社会组织的概说，是近年笔者在以近代河北作为研究对象翻阅文献的过程中，不时会见到方志等史料中关于基层社会组织的一些记载的一点儿浅见。对这些"偶遇"进行归纳后的总结，虽不一定能一言而概全貌，但若再联系其相关背景便大概率可见：清末时期的直隶地区存有多种名目、形式的社会组织，在基层社会治理中较为凸显的社会组织大致有以下几种：（一）因官方态度、政策变化而兴的团练类武装。这些组织因太平军北伐或捻军流动作战而兴，从官办到官督民办到民办，"官治""自治"色彩兼备。（二）民间自治，因民需而在基层社会治理中的表现、功能有所扩大，尤其是在一定程度上满足了地方秩序维护的需求，如青苗会等。（三）一些新兴名目、形式的行业性社会组织，既体现了时代经济、政治的发展，也显示了从传统向现代转型过程中的一种复杂。

这些基层社会组织虽从名称到其存在状态、运行态势与作用领域方面不尽相同，但大体上来说都是这一时期基层社会治理主体的一部分，在地方社会秩序维护、推动社会转型中发挥着一定作用。同时，作为基层社会的组成部分，这些社会组织又是国家加强基层社会治理的对象因子。这是时代浪潮推动的结果，也是河北独特地理环境使然。亦因其来自民，尤其是应民之需，故，只要满足这一条件，它就存在，只不过形式或明或暗，规模或大或小地在基层社会治理中发挥补充性的，甚至是主要的作用。政局与时局的变化影响着这些基层社会组织的兴衰，其中有地方自卫之需所致，也有晚清政府最后的努力，地方精英在其中的引领作用亦不可忽视。这些因素一起作用于基层社会，并影响着基层社会组织在清末直隶地方的表现及其接下来的走向。

基层社会组织与
近代河北社会治理（1840—1937）

# 太平天国运动背景下的直隶团练与地方士绅

太平天国运动是中国近代历史上的大事。相对于南方省份来说，直隶所受影响不大，但也有因此而起的团练及随北伐军所至而带来的一些战事。在此期间，除官方应对外，地方士绅的反应也颇值得注意。以往学界对太平天国运动时期的直隶关注不多，本文试在已有相关研究成果①的基础上，重点素描太平天国运动背景下暨近代直隶基层社会受到"千年未有之大变局"的冲击下，地方的反应，尤其是地方士绅的表现，以窥近代直

---

① 早期相关研究成果基本都与二十世纪八九十年代召开的一些太平天国运动学术研讨会有关，如 1983 年 8 月由北京市、天津市和河北省历史学会联合主办的纪念太平军北伐一百三十周年学术讨论会上，杨学涯、王万里的《浅析太平天国北伐时期直隶中南部的地主团练》，黎仁凯、傅德元的《北伐太平军在直隶》，刘民山的《试论北征太平军与直隶地区的群众关系》（皆收录于此次会议结集的《太平天国北伐史论文集》）。另代表性论文有张守常《太平军北伐和北方的群众斗争》（《北京师范大学学报（社会科学版）》1979 年第 6 期）、李惠民《太平军在北京》（《近代史研究》1997 年第 3 期），等等。

隶基层社会治理的复杂性。

1853年,太平天国定都南京后,为巩固天京,决定北伐。是年5月,天官副丞相林凤祥、地官丞相李开芳率军自扬州出发北上,经安徽滁州、凤阳、亳州,一路势如破竹,进入河南。7月初在汜水渡黄河、围攻怀庆。咸丰皇帝恐其可能取道顺德府、直逼北京直督,急命讷尔经额率军赴冀南堵截北伐军。讷尔经额檄令总兵董占元驰援怀庆,自驻顺德府南境的临洺关。并请盛京、吉林步骑增援。因久攻怀庆不克,北伐军撤围西进,绕道山西,9月间东出太行,进入直隶平原。临洺关一战,清军大败,"关防令箭、军书资械委弃皆尽"①。北伐军自临洺关拔队后,按照天王洪秀全"师行间道疾趋燕都""无贪攻城夺地糜时日"的指令,攻占沙河县城、挺进邢台县界,再经北屋、孔桥、王快、东汪、王村、郝庄村、赵诸麻村,绕过相对守备森严的顺德府城,又连克任县、隆平、柏乡、赵州、藁城、深州等地。10月,因清军已严扼保定,北伐军转而从深州乘虚而东,打算经沧州、静海从东面直取北京。但9月初时,天津一带风雨大作,城西北芥园河堤决口,大水南趋,天津、静海、沧州、任丘、大城,弥望汪洋。而10月底北伐军到沧州时,大水还没有退。将士负重涉水,枵腹奔驰及静海时因水势更大不得不留

---

① 《清史稿》卷三九二《讷尔经额传》。

屯下来，进而失却了闪电攻取北京的时机。同时，清军络绎到天津，重兵结集在杨村一带。1854年2月，北伐军被迫放弃静海和独流镇向南退却。在接下来的一年中，北伐军和后续援军与清军在直隶、安徽、山东一带鏖战不休。1855年5月，北伐军终以战线过长、后续接应不足、无巩固根据地等因失败。

在挥军北上的两年中，太平军沿途张贴布告，申明其大举北伐是要把"大陆昏沉二百秋，不做人民做马牛"的社会局面彻底颠倒过来，"求复祖宗之山河，力拯人民于水火"，为"恢复中原，保护人民，扫除妖孽"，故"凡尔村乡市镇不用惊惶，士农工商各安本业"。① 北伐军"到处不滋扰地方，不残害人民"，"所到地方问人寻路，遇官兵就杀，百姓不杀"。② 相对而言，在安徽、河南、山西等地的一些地方，多见一些当地民众加入太平军或提供物资支持的记载。如1853年夏，北伐军从四面急攻怀庆府时，"当地人民起义加入，声势愈大。济源、孟县人民踊跃犒军，供应粮食牲畜，源源不绝。"克洪洞县后，"赵城各村镇争先送骡马米粮犒军。霍州人民大开城门，储备粮食

---

① 牛宾善纂修，魏永弼编辑：民国《柏乡县志》卷十《轶闻·长发军》，文海出版社据1932年刊本影印，"中国方志丛书"华北地方第525号，第663—665页。

② 《清代档案史料丛编》第五辑。转见赵福寿主编《邢台通史》，河北人民出版社，2003年，第620页。

欢迎大军"。① 但面对北伐军的长驱北进与示好告示,不仅朝野一片混乱,直隶地区的民众反应也与他处有些许不同。

在民国前期编纂的地方志中,多见关于乡绅率乡团对抗北伐军(方志中称之为"粤匪"或"长发军")。如仅《民国柏乡县志》卷六《人物》篇就条列出数十名地方士绅誓死反抗北伐的太平军,北伐军也向坚持巷战士绅挥刀的记载。②

> 魏业讲,廪生,魏裔介第七世孙,太平天国北伐军攻陷柏乡城时,携胞弟文生业泩骂贼遇害。
>
> 李维祺,文生,粤匪陷城时,巷战而死。
>
> 李朝聘率子孙五人御贼战殁。
>
> 冀如梅,字和羹,邑庠生,母死未葬,父老失明。粤匪陷城,梅厉声叱曰:"尔何人敢至此?!"骂不绝口。贼怒、缚之,梅仰天骂曰:"恨不得尽歼此辈耳!"
>
> 李朝璧,娴武略。粤匪陷城时,率子武生廷魁、廷俊、廷秀,侄廷弼、廷柱,孙振槐与贼巷战,毙贼无数,力竭,一门殉节。

---

① 罗尔纲:《太平天国史》(全四册),中华书局,1991年,第1878页。
② 牛宾善纂修,魏永弼编辑:民国《柏乡县志》卷六《人物》,文海出版社,1976年据1932年刊本影印,第26—429、430—431、443页。

> 陈英杰,武生,粤匪陷城时,手刃二贼,力竭遇害。同时阵亡者有武生赵万选、刘庆云……数十人。俱矢志杀贼,力竭捐躯。
>
> 刘法孔,监生,赵玉会,九品衔。当东匪窜扰时,均率众助战。众寡不敌,骂贼捐躯。同时殉难者复有黄进忠、李傻子、赵大妮等数十人。

也有地方民众对太平军北伐在口头上表示赞同,或是以"乘机而起"的形式"拥护支持北伐军"。如:杨柳青一带人民见太平军到来,他们欢欣鼓舞,编了一首歌谣唱道:争天下,打天下,穷爷们天不怕来地不怕。杀到天津卫,朝廷好让位;杀到杨柳青,皇帝爷发了昏。① 据知县马昆称,任县被北伐军攻克后,"从贼者数百人,或为负重,或为抬舆,或为牵马"。太平军撤离后,"枭匪""马贼"群聚蜂起,"乘机抢劫,殷商富室为之一空"②。有学者认为,当时"顺德府各县劫掠豪绅抗击官府的行为,正是人民群众对北伐军在行动上的又一种支持"③。这种说法或有待商榷,但可以肯定的是:下层民众与地方官府

---

① 罗尔纲:《太平天国史》(全四册),中华书局,1991年,第1880页。
② 王亿年修,刘书旂纂:民国《任县志》卷七《纪事·寇乱》,成文出版社,1969年据1915年铅印本影印,"中国方志丛书"华北地方第210号,第462页。
③ 赵福寿主编:《邢台通史》,河北人民出版社,2003年,第621页。

之间的冲突在时局动荡的背景下更加凸显，双方对社会治理问题的反应与表现是复杂且值得分析的。无论是联系曾国藩《讨粤匪檄文》等对"洪匪举中国数千年礼义人伦诗书典则，一旦扫地荡尽"的描述，在知识分子中引发的情感排斥，还是地方人士抵御"外敌来犯"、守护家园的本能反应，将地方民众对北伐军的态度与其解读成欢迎、支持、拥护，倒不如说是双方不同立场、利益使然更为客观些：在敌人遇到敌人时，民众对清朝当政者的怨怼就以另一种方式借机体现出来。由此才更能理解何以有顺德府"失守州县逃民东奔西窜"①，"唐（山）之南鄙人民逃亡，十室九空"②，柏乡县"乡邻皆逃避"③，被迫从军的任县生员王瑾则"间道逃归"④。

直隶团练是奉清王朝之命官督民办的地方武装，它一般由各县地主豪绅出面组织，按户出丁，自备武器。如任县团练即"按户抽丁，丁壮皆同乡共井之人，非族亲邻子弟，即姻娅友朋，痛痒相关"⑤。团练主办者利用这种封建依附关系、宗法关系及乡土观念，操纵控制团勇练丁为其效力。北伐军因对此认

---

① 《任县志》卷八《艺文》。
② 光绪《唐山县志》卷三《兵变》。
③ 《柏乡县志》卷十《轶闻》。
④ 《任县志》卷五《人物志》。
⑤ 《任县志》卷八《艺文》。

识不足，对部分群众采取了过火行动。北伐军在临洺关石北口曾遭乡绅宋遵信率团练袭击，被动应战。所以，当其经过柏乡县时"多强胁民人，仗之从军，应声稍缓，即被杀害"①。

北伐军的过激行为更激起了直隶地方士绅的愤怒。咸丰四年（1854）正月初九，突围南撤的北伐天平军沿子牙河退至大城县王口镇，沿途遭到当地乡绅刘庆黎、赵象峰、刘彬等乡勇、团练的截杀。②

总之，团练在近代作为官办、官督绅办的一种武装组织，在直隶地方反应太平天国运动过程中发挥了一定作用，而其中地方士绅的影响不可忽视。中国传统士绅深受传统儒学的浸润，遇有外来势力时，既可能"有好酒"，也可能"有猎枪"甚至不惜个人性命，其区别就在于他们判断来者是朋友还是敌人。而敌友之判，在于他们认为来者于地方社会秩序的影响：是一同作战去维护，还是破坏。这一点不仅在太平天国运动时期如此，在之后的捻军活动时期亦然。如同治六年（1867），捻军首领萧四组织4000余人到文安，并在太赵村一带与官军激战。当时乡团高光祖等与官兵一同迎战，最后伤亡150余人。同年，捻军马腾秃部攻打大城县，知县彭瑞麒修筑城墙抵御，并于八

---

① 《柏乡县志》卷十《轶闻》。
② 廊坊市志编委会编：《廊坊市志》，方志出版社，2001年，第485页。

月中旬率县马步兵与捻军在冯庄开战。最后"捻军不支,兵败退出县境"。①

而且,地方士绅在太平天国运动时期的表现对之后的地方社会治理也产生了深远影响。如柏乡县士绅魏得礼,岁贡生,由贡就教职,候选训导,未仕。"性宽厚和平,素孚众望。凡遇忠孝节义等事,莫不亟称而乐道之"。咸丰年间,太平军至柏乡邑,"当兵焚后,人心恍惚,岁复大饥"。知县在放赈于乡时,邀其同往。因"斗级偏其所私,民大噪。环县尊舆,祸几不测"。此时,魏得礼居间调停,"不数言而变顿息"。由是,"人益佩服,凡有排难解纷之事"皆寻之。及同治三四年间,土匪作乱侵乡民时,"四乡百姓皆入城避乱",年逾七十的魏得礼"约同绅士办理团练,保守城池","昼夜登城巡视,城得无恙"。②另有高邑县居正元寺村武举人常清河,同治二年(1863)有匪来犯,常"遂手持长刀,毅然赴敌,毙贼无数"。后来"贼势猛,甚被围逼降"。魏抱死决之心,"力战不怯"。后因"被重伤,仆地,贼疑已死,弃之去",被其兄救回家后,还声呼"吾生不能为国除贼,死不瞑目"。③

---

① 廊坊市志编委会编:《廊坊市志》,方志出版社,2001年,第485页。
② 牛宾善纂修,魏永弼编辑:民国《柏乡县志》卷十《史事》,文海出版社,据1932年刊本影印,"中国方志丛书"华北地方第525号,第442—443页。
③ 牛宾善纂修,魏永弼编辑:民国《柏乡县志》卷六《人物》,第429页。

# 从团练到保卫团
## ——论近代地方武装制度的演变①

地方武装系相对中央政府的正规军队而言，主要用来指代那些活跃于地方，尤其是县及县以下地域的武装团体。地方武装在中国有悠久的历史，是历代统治者都必须慎重对待的问题。清季以降，随着政局的急剧变幻，国家于地方武装的态度和政策也不得不做相应调整。从 19 世纪中叶清廷旨令各省兴办团练，到民国初年北洋政府倡导各地创建保卫团，再到 20 世纪 30 年代中前期国民政府号令各地改组保卫团，近代地方武装制度逐步形成。在这一过程中，地方武装也逐渐成为基层社会权力结构中的重要力量，并多方作用于基层社会治理。因此，从团练到保卫团的考察，不仅是对近代地方武装及其制度演变轨迹的梳理，也是借以了解乡村社会、解读国家于地方社会治理的

---

① 该文以 2008 年 12 月参加中山大学主办的"近代知识与制度转型"学术研讨会论文为底稿。后结合同组与会专家桑兵、汪朝光等前辈的意见，进行修改。在此一并致谢。

一个视角。

迄今为止，学术界关于这一问题的研究多是零散地出现在一些近代政治史、社会史和经济史的论著中，① 对从团练到保卫团的演变及两者之间的区别与联系等，这些令人感兴趣、在一些近代历史问题研究中又无法绕开的问题，缺乏系统论述。② 本文拟以国家对地方武装的态度、政策变换为经，地方武装的演变为纬，对近代地方武装制度的变迁进行爬疏，并借以管窥近

---

① 如闻钧天的《保甲制度》（商务印书馆，1935 年）；乔志强的《近代华北农村社会变迁》（人民出版社，1998 年）；韩延龙、苏亦工的《中国近代警察史》（社会科学文献出版社，2000 年）；郑起东的《转型期的华北农村社会》；魏光奇的《官治与自治》（商务印书馆，2004 年）；魏光奇、丁海秀的《清末至北洋政府时期区乡行政制度考略》（《北京师范大学学报（社会科学版）》2004 年第 2 期）；等等。单以团练为研究文本的论著，多是就政治格局角度进行的讨论，另有就个别地区的地方武装进行的些许探讨，如王先明、李伟中的《20 世纪 30 年代中国乡村防卫体制的变迁——邹平联庄会与新桂系民团比较研究》（《河北学刊》2002 年第 5 期）；吕书额的《河北省地方保卫团研究（1901—1937 年）》（首都师范大学博士学位论文 2007 年）；孙承会的《1910 年代河南治安组织的成立和性格》（《社会科学研究》2007 年第 5 期）；何文平的《政府的两难与地方的失控：民国初年广东的民团问题》（《晚清以降的经济与社会——第二届中国近代社会史国际学术研讨会论文集》，2007 年）；等等。

② 1929 年南京国民政府颁布《县保卫团法》前后，在一些时人的评论中就两者之间的相似性等曾略有提及，多认为保卫团是团练的继续。笔者认为，前人的这一观点有所偏颇。拙作《河北省地方保卫团研究（1901—1937 年）》（天津古籍出版社，2016 年，首都师范大学博士毕业论文 2007 年）曾就此略作分析，但因受能力、时间等限制，没有充分展开。今日之斗胆再试作讨论，是得益于近年来自一些学者的启发和自己的继续努力。

代基层社会治理中的成败得失。不当之处,敬请方家批评指正。

# 一、地方武装的历史渊源

地方武装在中国有悠久的历史,它是中国传统社会结构的产物。

在古代中国,历代统治者都不像欧洲中世纪的封建主那样居于乡村庄园,而是设治于各级城市,(州)县以下不设治。这种以城治乡的社会结构,决定了广大农村社会的社会功能,如生产、治安、教化、教育、民事纠纷调解、地方自卫、社会公益和福利救济等,势必要由一些根植于农村的社会力量和组织来承担。[①] 在社会较为安定时期,这些社会职能往往被简化为主要由乡官、保甲等,"掌按比户口,课植农桑,检察非违,催驱赋役"[②],完成对地方秩序的日常维护。一旦有外患入侵或内政动荡引发盗匪猖獗、地方动乱等情形时,中央政府往往无法立即采取有效的措施,为地方提供足够的安全保障。这种情况下,

---

① 乔志强主编:《近代华北农村社会变迁》,人民出版社,1998年,第809页。
② 〔元〕马端临撰:《文献通考》卷十二《职役一》,中华书局,1986年,第127页。

百姓为了乡党邻里的生存与安全,往往本着互助合作、守望相助的精神,自动筹措经费、枪械,组织具有强烈地方色彩的武装来进行自卫①。

一般来说,任何政权都不会允许在其控制工具外有另种武装团体的存在。但在政府政治影响力所不能及的地方,地方武装往往是维持一方的有效方式。国家政策的缺陷及其不可依赖性导致了地方武装的发展,民间自卫的举动不仅能达到保境安民的目的,更弥补了政府防卫上的空虚。尤其是当变乱发生时,自主性颇强的地方武装不仅为政府所欢迎、承认、鼓励、支持,甚至出面组织,以助其抗敌、平乱。

西汉末年,王莽天凤年间,北方兵变,接着各地盗贼纷起,整个社会呈现混乱动荡的局面。豪右大姓为了自保,纷纷筑寨垒壁,组织自卫武装。东汉中期,西羌为患,并逐渐从边境蔓延到内地,继而黄巾农民起义。在到西晋灭吴统一全国的近百年间,兵燹相继,战乱不绝,中央政府威信扫地,社会秩序大乱,各郡百姓又自动组织自卫武力。魏晋南北朝是我国历史上的分裂时期,也是地方自卫武装最兴盛的时期之一。面对猖獗

---

① 黄宽重在《从坞堡到山水寨——地方自卫武力》(刘岱总主编:《中国文化新论社会篇·吾土与吾民》,三联书店,1992年,第229—280页)中,将战乱时兴起的地方武装称为"地方自卫武力"。

的盗贼、彪悍的胡骑，为求生存，各地纷纷武装自卫。唐中叶，安禄山叛乱，江淮以北的半壁江山沦于兵乱之苦，随后的变乱相乘使社会陷入无秩序状态，引发百姓自行组织地方武力，以御寇求生。女真的入侵结束了北宋政权，也造成了中国历史上第二次南北对峙的分裂时代，更是地方武力再度发展的时期。元末政治腐败，灾荒频仍，纲纪不振，造成群雄竞起、民间骚扰不安的局面。起义者和元朝的正规军一样，不但不能保护人民，反而形同盗寇。百姓在双重的压迫下，饱受乱世兵燹之苦，遂聚集乡里族人，组织武装自卫。明末，社会秩序紊乱，亦有地方组织乡兵自卫。有清一代，以八旗与绿营为正规军。但自中叶以后，内乱迭起，外患频至；而久享太平盛世及种种优待的正规军已不堪作战，骤遭变乱，势如土崩瓦解。于是，各地百姓相继组成自卫性的地方武装。

应该说，这些民间武装不仅是战乱时百姓远灾避祸的栖身之所，更能产生打击乱贼、抗拒外患、遏阻乱世的作用。在乱世平定后，这种武装又往往成为维持地方治安的主力。像山东淮河等地的乡团，直到清末势力依然极盛，是维持社会秩序的主要力量。然而，这种地方势力又充分表现出了强烈的地域性、自主性及一定的妥协性。如各武装团体互不连属、各自为政，其作为基本以维护自身利益为最高准则，政府的约束力相对薄弱，无形中影响到中央政府的统治权威，甚而与中央疏离，形成据地自雄的局面。这种现象不是中央政府所期望,而是极思防范的。因此,政府又对地方自卫武装产生了强烈的戒备心理。如何才能既维护国家在地方的权威与统治,又能实现民众"自治",自行解决治安和教化,成为统治者们须慎重对待而又难以把握的问题。

实际上,政府于地方武装的具体政策,多随国势的强弱、武装团体自身的演变及时局的改变等因素而不断变化。如在古代中国平日的地方治安维护中,官方除推行乡官、保甲(或类似保甲)制度的同时,还默许一些农村自卫组织的存在。东汉建立后,光武帝认为,据地自守的各地方武装成为统一的障碍,于建武二年(26)下令说:"兵家纵横,百姓涂炭,将军今奉辞讨诸不轨,兵家降者,遣其渠帅皆诣京师,散其小民,令就农桑,坏其营壁,无使复聚",[①] 陆续解散地方自卫武力。杨坚建立隋朝,统一天下,不仅结束了长达四个世纪的分裂局面,也铲除了各地方武装团体,各种地方武力逐渐消失。公元675年,唐高宗李治募镇防团结兵,设团练副使为帅,以统领地方军队,

---

[①] 〔晋〕袁宏:《后汉记》卷四《光武帝纪》,中华书局,2002年,第58页。

管理团练①事务。武则天时期,在北边部分州建立一些民众武装,称团结兵,其他地区也有土镇、土团、团练等。据《唐六典·尚书兵部》记载,团结兵一般是"选丁户殷赡,身材强壮者充之",由官府给予身粮、酱菜,免其徵赋。其主要任务是配合军队防卫边疆,由州刺史或节度使统辖。安史之乱后,唐王朝在未设节度使、防御使的地区陆续设置团练使(常由观察使、刺史等兼任),负责地方军事。黄巢起义后,唐朝政府感于各地方自卫武装较正规军更善于作战,乃于公元876年下令"天下乡村,各置弓刀鼓板,以备群盗"。②南宋政府亦鉴于民间武装抗敌的绩效,积极鼓励各地自卫武力奋起抗金,更下令各地组成忠义巡社,并制定了一套详整的训练、奖惩和管理办法,期使各自卫团体发挥更大的抗敌效果。明代"将所属各县捕快,通行拣选,委官统领操练","于各属弩手、打手、捕快等项"挑选骁勇者,"每县多或十人,少或八九辈","兵备仍于每县原额数内拣选精壮可用者量留三分之二",其余"委该县能官统

---

① "团练"一词原意为"团集训练",唐高宗此举亦只限于个别地区的短期设置,后未成定制。但此后,"团练"逐渐开始被作为一个专有名词,用来统称那些由地方统治者编练的武装部队。参见陈旭麓、方诗铭、魏建猷主编的《中国近代史词典》,上海辞书出版社,1982年,第210页。

② 〔宋〕司马光:《资治通鉴》卷二五二"僖宗乾符三年条",中华书局,1956年,第8182页。

练,专以守城防隘为事","招募犒赏等费,皆查各属商税赃罚等银支给"。① 清初,有些州县建立旨在地方自卫的乡兵制度,如直隶藁城在康熙年间曾将全境划为24营,"以团练乡兵,无事则为农,有事则为兵,盖寓兵于农之法至善也……"② 乾隆三十八年(1773),清廷用兵四川小金川,定边将军温福、定西将军阿桂疏言多用乡兵,人地相宜。且自平定金川后,"设屯练乡兵,其粮饷倍于额兵,分屯大小金川两路,春夏训练,秋冬蒐猎,有战事则搜剿山路,退兵则为殿后之用。"(清史稿)清嘉庆初年,苗疆事起,傅鼐以乡兵平苗。"功冠诸将"。(清史稿)随后,清廷又于嘉庆十年五月二十六日(1805年6月23日)发布上谕称,"教演拳棒积习相沿,最足为人心风俗之害。律文内,聚徒演弄枪棒者,有治罪明条。而乡曲小民,多以防夜御盗为辞,私相教演,乡约、甲长遂不加查禁。嗣后著各省大吏,通饬地方官,晓喻乡民,令其安分守法,各勤本业,不可竞尚勇力,私制器械,习学枪棒。如有不遵禁约,仍前聚徒教演者,一经访闻,即严拿惩办。"③

---

① 王阳明:《王阳明全集》卷十六《别录》(八)"选拣民兵",上海古籍出版社,1992年,第527—528页。
② 《藁城县志·封域志》,1934年铅印重排本。转引自乔志强主编的《近代华北农村社会变迁》,人民出版社,1998年,第821页。
③ 《仁宗实录》卷一四四,"嘉庆十年五月二十六日",第24—25页。

总之,古代中国于地方武装的态度是矛盾的,既鼓励又防范,表现出其治国理念与现实治安在地方层面上的不协调。在此影响下,以临时自卫为目的的地方武装多是在国家控制体制范围之外,旋募旋散,均系临时性质,没有制度可言。那些为国家所允许的、运行于国家控制体系之内的、官办的地方武装,如团练、乡兵等,① 也均非"经制之师",多是"时作时辍"。在一些地方志中,关于这些制度"遇警则临事举办,事过则懈怠废弛而不可复用"的记载比比皆是。这种情况至清中叶时开始发生变化。

---

① 牛贯杰认为,团练源于保甲,是以保甲为基础,以守望相助、武装自保为目的的地方武装。团练作为保甲制的衍生功能之一,文献有确切记载的为战国时期的商鞅变法,随保甲制的不断完善逐步发展而成。保甲制雏形出现在西周时期,东周时期得到进一步发展,其团练功能也自这一时期始明确出现。战国时期,秦国商鞅在"什伍法"基础上实行"连坐法",规定乡下之民"犹得乡田同并守望相助",允许基层社会保持低水平的军事化,具有初步的自我保护功能。"守望相助"的基层军事组织经过不断演化,逐渐形成了团练制度。直至清前期,团练仍由官方掌控,基层社会亦处在低层军事化的状态。嘉庆年间的团练组织尽管以上层政权为主导,但在最基本的经费问题上,仍不得不依靠基层社会得以解决。国家政权对于基层社会的主导地位开始出现了微妙的调整与变化,但因白莲教起义旋即被清军与团练势力联合镇压,这种趋向并未得到充分体现。(牛贯杰:《从"守望相助"到"吏治应以团练为先"——从团练组织的发展演变看国家政权与基层社会的互动关系》,《中国农史》2004年第1期)

## 二、晚清团练：近代地方武装的崛起

近代地方武装的真正崛起是在咸同年间，清廷旨令全国兴办团练。此后，地方武装逐渐开始作为地方社会的一种常态，成为活跃于近代中国基层社会的一支重要战略力量。但对其追述，应从19世纪前后说起。嘉庆初年爆发的白莲教起义是清廷起用团练力量的开始，也是地方武装兴起的契机。

嘉庆元年（1796），宜都、枝江一带的白莲教教众起义。随后，孝感、襄阳及河南、四川等地响应，起义军迅速发展至数万人，清廷为之震惊。但是，在接下来的半年时间里，清军先后征兵数千，皆全军覆没；起义军却开始了大规模流动作战，转战于湖北、四川、河南、陕西，后分三股进入四川。清军堵、追均无成效，只尾随其后，疲于奔命，陷于被动，嘉庆帝几次易帅成效甚微。嘉庆二年（1797），明亮、德楞泰根据白莲教"行不必裹粮，住不藉棚帐，党羽不待征调，蹂躏于数千里"的流动作战方式，进呈《筹令民筑堡御贼疏》①，提出实行"令民筑堡御贼"之法。合州刺史龚景瀚则在其基础上进一步提出坚

---

① 贺长龄辑：《皇朝经世文编》卷八九《兵政》，"德楞泰铸令民筑堡御贼疏"。

壁清野法，强调保甲中的团练功能，并明确提出在"清查保甲"基础之上组织团练。每户抽取壮丁二三人，由官方发给鸟枪刀矛等器械，每一堡寨择营中千把或外委一员，兵三四名，进行教导，组织训练。团练只负责本地防卫自保事宜，不得调令出征。至于办团经费，官方负责"所有筑堡挖壕、建仓买粮、置备军械、一切守御器具及搭篷盖屋之费"；堡寨居民则须为团丁供应粮食，此项摊入田赋，"十年或八年随地征还"。① 1799 年初，嘉庆帝亲政，总结三年战争教训，在政治、军事上进行调整，其中重要的一项就是大力推行乡勇、团练，坚壁清野。次年夏，清政府的"坚壁清野"与"寨堡团练"之策，已逐渐推广并发挥作用，使白巾军在战略上开始转入被动，不仅粮源、兵源日渐减少，而且行动经常受阻，难以进行大范围的流动作战，而主要活动于川、陕、楚边境地区。嘉庆九年（1804）九月，一场声势浩大的白莲教大起义终于随着最后一位首领的被杀而宣告失败。在历时九年多的战斗中，生灵涂炭，境内人口锐减。清王朝虽元气大伤，却由此得出一经验，即充分发动地方武装，兴办团练。尽管嘉庆帝随后有禁止民众"聚徒教演"

---

① 石香村居士：《戡靖教匪述编》卷十二，"附述·合州龚刺史坚壁清野并招抚议"，道光六年京都琉璃厂刊本。转引自牛贯杰的《从"守望相助"到"吏治应以团练为先"——从团练组织的发展演变看国家政权与基层社会的互动关系》，《中国农史》2004 年第 1 期。

之上谕，但正如《中国近代史大辞典》所说："嘉庆年间镇压川楚白莲教起义军，战守均赖乡兵……其后遇有战事，常命各地召集团练，或称招募乡兵、乡团"。如，道光二年（1822），清廷令直隶疆臣召集团练，修筑土堡，互为策应；十五年（1835），令各州县额设民壮，一律补充训练，复令各省民壮每月随营操演，范以纪律；1839年，林则徐到广东后布告沿海村民团练，"如英人上岸，即驱逐拘拿"。鸦片战争期间，道光皇帝鼓励沿海编练乡兵，团练乡勇。1842年夏，广州以"升平社学"为团练总会之区，推及韶州、廉州等处，一律举行"富者助饷，贫者出力，举行团练，按户抽丁"，一遇有警，听候调遣。为此，道光帝特旨嘉勉，并命各府、州、县仿照办理。①

咸同年间地方团练的兴起，代表着近代地方武装的真正崛起。有的学者甚至认为其代表了"传统国家的崩溃"与"中国近代史的开始"，具有划时代的意义②。

咸丰初年，太平天国起义在广西爆发。面对太平军战无不胜之势和八旗、绿营的节节败退，以及由绿营将帅统领的"壮练"③亦未在战争中真正派上用场，力行"坚壁清野"、发动基

---

① 郭廷以：《近代中国史纲》，中国社会科学出版社，1999年，第55、67、80页。

② ［美］孔飞力著：《中华帝国晚期的叛乱及其敌人》，谢亮生、杨品泉、谢思炜译，中国社会科学出版社，1990年版中译本，第2—3页。

③ 《清文宗实录》卷二十六。

层社会武装等一时间再次成为朝堂内外之共识。言者屡次上陈，大量列举嘉庆年间的成功经验；咸丰帝也不得不旨令"各直省仿照嘉庆年间坚壁清野之法办理团练"。为加强对地方武装的掌控，清廷在谕令各地兴办团练的同时，还任命40余名在籍官僚为团练大臣，督同帮办。咸丰三年（1853）三月初六日颁布上谕，命各直省督抚"督同在籍帮办团练之士绅实力奉行，各就地方情形妥为布置，但期守卫乡闾不必拘执成法，团练壮丁亦不得远行征调，保民而不致扰民……一切经费均由绅民量力筹办……至近贼地方，绅民团练尤须官兵应援，方足以资捍御。统兵大臣即该督抚等务当相度缓急，拨兵策应，俾兵民联为一气……"① 此上谕的颁布，标志着全国大规模兴办团练的开始。

实际上，在咸丰帝三月初六日上谕颁布之前，一些战事激烈地区如广西等省区则已经开始大规模地兴办团练。只不过，清廷兴办团练之令使原本形式各异的、包括团练在内的各地方武装，获取了一个迅速发展的合法理由。但是，清政府随后即看到，事态的发展已远远地超出了其设想。

首先，清廷原拟兴办之团练应是仍在官方掌控之内，各地所办团练均与保甲相结合，由各地户选拔壮丁，平时训练，有

---

① 中国第一历史档案馆：《咸丰同治两朝上谕档》第三册，广西师范大学出版社，1998年，第344页。

事作战，且只能保卫地方，"不得远行征调"，剿灭太平天国的希望仍在于其经制兵——绿营与八旗身上。在咸丰帝的脑海中，"保甲行于无事之时，团练行之有事之日"①。委任团练大臣之举也只是欲以通过受到信任的官员"对已在进行之中的地方军事化加强控制而已"。②但实际上，各地所办团练及所定团练之章程，与咸丰谕旨多有不符，明显体现出以基层社会为主导的特征。如，办团经费均来自民间，且由练总、练长掌握，练总成为基层社会的实际控制者；③各地招募办法不一，有招募外来游民者，有以本地乡民为主者，有专门防守本地者，有轮流调营出战者。

再者，"团练"于清政府统治者来看，是"一种在国家监督下把自发的地方武装纳入全面的、官僚化的管理机构的方法。"太平天国以后年代的记载有大量证据证明，"团"已开始作为县以下官方的行政机关行使职能。以至于，从军事组织方面来说，团练与其说是作战单位，不如说是行政单位。④但对更多的民间

---

① 《清文宗实录》卷三十三。

② ［美］费正清编：《剑桥中国晚清史》上卷，中国社会科学院历史研究所编译室译，中国社会科学出版社，1993年，第316页。

③ 牛贯杰：《从"守望相助"到"吏治应以团练为先"——从团练组织的发展演变看国家政权与基层社会的互动关系》，《中国农史》2004年第1期。

④ ［美］孔飞力著：《中华帝国晚期的叛乱及其敌人》，谢亮生、杨品泉、谢思炜译，中国社会科学出版社，1990年版中译本，第50、225、106页。

地方武装来说,"团练"一词已成为它们自由发展的保护伞。在一些地方势力眼中,"兴办团练"开始成为他们得以自我膨胀的大好机会。如据直隶《广宗县志》载:清咸丰同治间,因太平军、捻军等起事,广宗地方枭匪横行,于是民间自练乡团(俗谓联庄会),"与各县联络,以资抵御"。① 《清河县志》记有:"溯清河团之肇兴,实起于清同治元年"。据记载,当时白莲教攻进县城,"民间富者莫保其财,贫者莫保其命",在县知事熊存瀚的倡议下,该县遂成三十余团。② 直隶大名、顺德、广平三府则受在籍闲居前河南巡抚郑元善等官绅的"认真劝谕"和"剀切劝导",连为一体,综计"三府乡团不下十余万众"。③ 由团练发展而来的地方武装逐步发展壮大,开始成为一支举足轻重的战略力量。曾国藩的湘军和李鸿章的淮军则直接完成了由地方武装到国家正规军队的转化,在雄踞一方的同时,也渐次充当起主力国防军的角色,成为晚清团练之极点。

然而,此时已处于风雨飘摇之势的清政府,也只能依情度

---

① 姜楗荣修,韩敏修等纂:民国《广宗县志》卷六《法制略》,成文出版社影印,1969年。
② 张福谦修,赵鼎铭纂:民国《清河县志》卷六《兵事志》,成文出版社影印,1976年。
③ 崔正春修,尚希宾纂:民国《威县志》卷八《政事志下》,1929年铅印本,成文出版社影印,1976年。

势,继续不断调整其态度、政策。"只要民团保持非职业性及其领导听从官管,它们就可受到官方理论的认可"。① 在太平军、捻军被镇压后,清政府下令解散各地方武装团体。甲午战争后,清廷痛定思痛,深感帝国的军事力量毫不足恃,于是大办乡团的朝议又起。1898年颁布的维新法令中,即有令各地组织保甲和团练,命各省团练仿效西方国家训练民兵之法,以乡团为民兵,轮番编练。同年11月25日,清廷颁布上谕:"保甲团练,为保卫地方缉盗安民之良法,叠经通谕各督府切实筹办。近闻山东保甲团练张汝梅、夏辛酉饬属兴办,绅民等亦踊跃从事,尚能不负委任。既经办有端倪,即著张汝梅责成各镇道,督饬地方官绅,实力讲求,推之全省,一律认真举办,以期民尽知兵,足备缓急之用。"② 其时,刚毅秉政,"以保甲、团练、积谷三事为要政,督办极严,文檄委员络绎于途"③。1899年,山东巡抚毓贤承认义和拳为民间团练,并将其改名为义和团,作为官方支持的"团练"的一种形式。义和团运动后,各地方武装再遭遣散。

与国家政策的摇摆不定相对应的是,清末各地方武装的忽

---

① [美]费正清编:《剑桥中国晚清史》上卷,中国社会科学院历史研究所编译室译,中国社会科学出版社,1993年,第314页。
② 《德宗实录》卷四三一,光绪二十四年十月十二日,第12页。
③ 罗正钧:《庵官书实存》卷一,"接办保甲情形禀",第5页。

隐忽现，若明若暗。如直隶广宗县咸同年间民间自练乡团，同治九年（1870），"捻枭乱平，停办"；光绪二十七年（1901），新河县乡团滋事，附近各县乡团同时奉令解散；二十八年，县民景廷宾乱后，又奉令悉缴团中枪械；宣统三年（1911），顺直咨议局咨请直隶总督饬各属创办乡团，以靖地方，"复改乡团为保卫社，未行，而民国成立"。① 再如威县民团，咸同年间"与贼接仗数次，杀贼多名，练勇阵亡者亦百余人"；同治九年（1870），"匪患平而团练亦奉令解散"。光绪年间，知县张联恩"为防盗起见重整顿团练"。后又以"仇教事起，各团颇有受迫胁者，当道恐其拥众滋事，于是数十年自卫之乡团又遭解散矣"。宣统三年九月，顺直咨议局复请通饬各属创办乡团以靖地方之。旋令改乡团为保卫社，未及一律实行而清室逊位。② 义和团运动期间，华北各村的保甲团练多参加了义和团。"迄庚子，凡有团各县，悉为拳厂"。③ 当时，在八国联军缴获的义和团旗帜上，有的"大书保甲义和团字样"④。义和团被镇压后，大刀

---

① 姜槏荣修，韩敏修等纂：民国《广宗县志》卷六《法制略》，成文出版社影印，1969年。
② 崔正春修，尚希宾纂：民国《威县志》卷八《政事志下》，成文出版社，1976年。
③ 罗正钧：《庵官书实存》卷一，"接办保甲情形禀"，第5页。
④ [日]佐原笃介：《拳乱记闻》，载中国史学会主编《义和团》（一），《中国近代史料丛刊》，上海人民出版社，1951年，第117页。

会四散潜伏,有的则改换了名称。如直隶永年县,庚子事件后"拳民的活动并未停止,只不过改头换面,叫做会队"。①

然而,时世艰危往往导致地方武装更大程度的职业化及其首领更大程度的独立性,只是由于乡绅和官僚制度的利益在根本上一致,才使无政府状态得以避免。② 这一情况基本上是随着清朝的覆亡而结束的。

## 三、 保卫团: 近代地方武装制度的形成

袁世凯政府于1914年5月颁布的《地方保卫团条例》,标志着近代地方武装制度开始逐步形成。在中国近代政治制度层面上,地方武装逐渐开始由一种社会常态过渡成为国家控制体系的重要组成部分。而地方保卫团不仅是各地方武装的形象代表,也是中央政府实现权力向地方下移的一种途径。

如前文所述,在清末几十年的政局动荡、社会动乱的背景下,名称各异的地方武装以各种不同的形式活跃于中国基层社

---

① 杨允谦:《永年会队武装的沿革》,《邯郸文史资料》1988年第5期。
② [美]费正清编:《剑桥中国晚清史》上卷,中国社会科学院历史研究所编译室译,中国社会科学出版社,1993年,第314页。

会。尤其是清政府宣布"新政"后，陆续裁汰绿营、保甲，代之以警察局所。然而，"嗣警察力有未逮，势不得不借助于团勇"，① 不少州县因此建立民团、保卫团类似组织。如据民国《南宫县志》记载，光绪庚子年间，该县城乡"多组民团自卫"。② 辛亥革命爆发后，各地方组织武装团体的态势有增无减。如民国初年，直隶威县县知事居贤举招募保卫社练勇四十名。③ 成安县县民武如金联合附近四十三村组织成立民团，并拟有组织简章等。④ 1913 年，清河县知事许绍铭催办民团，"挨户出夫"。⑤ 广东颁布《筹办保甲团练暂行章程》，要求各地组织自卫。东莞县知事督率绅商设立"团练总局"，以筹划全县的"团

---

① 彭作桢等修：民国《完县新志》卷四《行政志下》，1934 年。
② 黄容惠修，贾恩绂纂：民国《南宫县志》卷二十四《掌故志·石刻篇下》，1936 年刊本，成文出版社，1976 年。
③ 崔正春修，尚希宾纂：民国《威县志》卷八《政事志下》，1929 年铅印本，成文出版社，1976 年。
④ 张应麟修，张永和纂：民国《成安县志》卷十一上《人物》，1931 年铅印本，成文出版社，1969 年。
⑤ 张福谦修，赵鼎铭纂：民国《清河县志》卷六《兵事志》，1934 年铅印本，成文出版社，1976 年。

练及清查户口各事"。① 另如四川等省份也曾令各县组织保卫团。② 总之,袁世凯夺取中央政权后,北洋政府所面临的最大难题即是政局不稳、地方武装丛生。为巩固其统治,袁世凯政府决定以设立保卫团的形式,统一各种地方武装组织,并试图在将其控制于自己手中的同时,借以建立维持地方治安的基层控制机制。

1914年5月20日,袁世凯政府颁布《地方保卫团条例》③(以下简称《条例》)。通过该条例,袁世凯以在全国范围内倡建地方保卫团的形式,将各种地方武装整齐划一,对其组织系统、人员编制、职能、经费、装备、训练、待遇等,做出统一、系统的规定,为加强其在地方社会的控制,尤其是对地方武装的控制制定了法律依据。

《条例》总则规定:"凡县属未设警察地方,因人民之请求及县知事认为需要时,得报明本省长官,设立保卫团"。"凡县属地方原设之乡团、保甲,应由县知事切实整理,得按本条例

---

① 《东莞请派员举办清乡》,《华国报》1915年1月16日。转引自何文平的《政府的两难与地方的失控:民国初年广东的民团问题》,载《晚清以降的经济与社会——第二届中国近代社会史国际学术研讨会论文集》,2007年。

② 魏光奇、丁海秀:《清末至北洋政府时期区乡行政制度考略》,《北京师范大学学报(社会科学版)》2004年第2期。

③ 蔡鸿源主编:《民国法规集成》第13册,合肥黄山书社,1999年,第258—261页。

呈明本省长官，核准办理"。"各省得就本条例所定大纲，参合各该地方情形，拟具施行细则，呈报内务部备案"。依照《条例》要求，各地方保卫团原则上受省民政厅及各管县政府指挥，"以县知事为总监督，遴委地方公正绅商，协筹办理"。各地方应以县保卫团为主干，参照原保甲制，采用县、区、保、甲、牌五级制，进行分级办理。每团置团总一人，由总监督遴委，其他各牌、甲、保相应设牌长、甲长、保董各一人，由团总遴选后呈由总监督委充。各团按户指定一人编丁入册，而凡未成年者、家无次丁者、老弱或残废者、"因事故不能服务者"，经总监督允许者除外。各地方保卫团主要负清查户口、围捕盗匪、保卫地方之责。《条例》明确提出：团内住户有藏留盗贼或寄顿赃物时，"团总等得随时确查指获送由总监督惩办"；各团有匪警时，"团总得临时召集团丁围捕，除匪徒拒捕应有正当防御外，于捕获后送由总监督讯办，不得违法私讯"；各团所在地有已设警察区者，得"协同警察助理之"。对袁世凯来说，其最为当急的事务是要控制地方武装，化民间武力为己所用，故对于保卫团装备问题，《条例》只提到了枪支的筹措、保管和运用，而对服装帽饰等少有关注。依照《条例》要求，各团户原有枪械"须报由总监督验明烙印编号，因事实发生必须添置时，须由总监督呈明省长核准"。作为一个武装团体，为保证其战斗力的延续，训练是必不可少的，但袁世凯组织保卫团的最终目的并不在于此。所以，各地方保卫团"由保董督率教练，全团教练由团总确定时间，各团合练时期由总监督即县知事确定时间，农忙时停止教练"。关于各地方保卫团经费，《条例》规定：由各该处就地筹款，呈请各该总监督核定并专呈省长查核报部；各团总将每月收支各款适具表册，报由各该总监督核明转报各省长核查。此外，北洋政府还通过《条例》对各地方保卫团人员的薪酬、补贴、公费及奖惩等做出相应规定。

显然，《条例》的主要目的，一方面在于强调政府对现有地方武装的指挥与监督；同时，也是对日后地方武装的组建及发展方向，做出明确的规定。换句话说，《条例》的出台，为全国各地组建武装团体提供了法律依据；也为国家控制地方武装乃至整个基层社会，开辟了一条新的途径。

《条例》颁布后，北洋政府内务部根据袁世凯的申令，接连向各省区发出咨文，要求各省区最高行政长官依照各该地方情形，拟具各地方保卫团施行细则，呈报内务府备案。同年8月14日，袁世凯下令各将军、巡按使、都统晓谕商民，共筹保卫闾阎，认真办理原有民团、商团。① 29日，袁世凯又在《县警察所官制》头条中规定：各县若无设警察所之必要时，"得以保

---

① 李新总编，韩信夫、姜克夫主编：《中华民国大事记》第一册，中国文史出版社，1997年，第339页。

卫团代之"，① 进一步强调保卫团的重要性，突出了保卫团在地方社会中的地位。10月4日，袁世凯又发布《关于整顿团防案》的命令，明确道出了组织保卫团的目的在于镇压人民的反抗："当此盗匪充斥之际，必人人各尽其捍卫桑梓之责，始足以促公共之安宁。"② 在袁世凯看来，各地方武装由此即可以在"保卫团"的统一形式下，为其所掌控、利用了。

继袁世凯的《条例》之后，贵州、京兆地方、吉林、奉天、江苏、山西等一些省区，先后依据基本原则，各自制定了适用于本区的《施行细则》，颁行了关于地方保卫团的一系列法规、条令等。如据民国《磁县志》记载："民国初年，省令各县组织保卫团以辅警察之不逮，维持地方之治安。"③ 据民国《广宗县志》记载：该县"民国二年（注：疑为民国三年之误），奉令办保卫民团，分区举总、选团丁"。④ 涿县亦"奉令"将保卫社改为保卫团，并分设四乡分团。⑤ 1922年第一次直奉战争后，主政山西的阎锡山也按照北洋中央政府颁布的《地方保卫团条

---

① 戴鸿映：《旧中国治安法规选编》，北京群众出版社，1985年，第65页。
② 见《政府公报》第869号，1914年10月5日。
③ 黄希文纂辑：民国《磁县志》，成文出版社影印，1968年。
④ 姜榕荣修，韩敏修等纂：民国《广宗县志》卷六《法制略》，1933年铅印本。
⑤ 宋大章等修，周存陪等纂：民国《涿县志》第四编，1936年铅印本，成文出版社影印，1968年。

例》，以村为单位，把村中 18~35 岁的壮年男子组成地方保卫团，在县以下的基层农村组成了严密的五级地方军事组织。①

当然，由于北洋时期军阀混战，政局动荡，各种制度、措施都难以得到贯彻与实施。所以，袁世凯创建的地方保卫团制度在北洋军阀统治时期内没有能够在全国范围内进行推广。但毕竟，自此为始，中国近代地方武装问题最起码在形式上拥有了制度上的约束。制度的建立意味着管理和控制的规范，也是传统向现代转型的必要步骤。② 十几年后，国民党政权建立，南京国民政府即在北洋政府的基础上，为统一各地方的武装力量做出了再次努力。当然，制度有好有坏，有利与弊，是一个不断完善的过程。蒋介石在一并继承袁世凯的苦心和问题的同时，也因此而为近代地方制度的改进做出了更多的努力。

1927 年 4 月，南京国民政府建立。多年的军阀混战、天灾不断及歉收连年等，使得各处盗匪潜滋，游勇遍地，民不聊生。对此，曾有文献指出："盗匪横行，白昼劫杀，国民生命财产，无论都会，乡村，乃至商铺租界，无日无时而不在危险之中。公家机关既无维持能力，个人财力腕力，又非盗贼之敌。于是

---

① 董江爱：《山西村治与军阀政治（1917－1927）》，中国社会科学出版社，2002 年，第 160 页。

② 魏光奇、丁海秀：《清末至北洋政府时期区乡行政制度考略》，《北京师范大学学报（社会科学版）》2004 年第 2 期。

结团自卫，乃成国民普遍的运动。"① 此时，保护生命财产的安全是民众的第一需求，维护境内秩序安定也是各级政府首先要解决的问题，将各色地方武装纳入控制体系，使其在政府设计的轨道内展开，更是当政者的最高目标。正如河北省民政厅所称："当军阀专政时代，政令纷歧，自为风气，警卫团体，名目繁杂……兹当训政期间，地方建设，为立国首要之图，此类团体，亟应根本改革"；"保卫团为民间自卫团体，本省各县，施行最早，弊亦丛生，往往侵越司法职权，把持地方行政，甚或置剿匪职责于不顾，而营私舞弊之是谋。若不根本改良，严加整顿，何以清匪患而保闾阎？……拟定各县保卫团条例……将来公布施行，则各县有所依据，循序进行，职责既明，弊端自绝，庶可收整齐划一之效。"②

1929 年 7 月 13 日，南京国民政府颁布了《县保卫团法》，11 月 1 日施行。1931 年 4 月 11 日，又公布了修正后的《县保卫团法》。③ 新法基本上以北洋政府时期的《地方保卫团条例》为

---

① 王怡柯：《农村自卫研究》，出版地不详，1932 年，第 34—35 页。
② 河北省国民政府民政厅编印：《半年工作撷要》（1928 年 7 月至 12 月），第 119—120 页。
③ 魏鉴：《河北省组织保卫团经过报告》（1933 年 4 月 1 日），《河北月刊》第 1 卷第 4 期，1933 年 4 月出版。也可见河北省地方志办公室点校的民国《河北通志稿》，北京燕山出版社，1992 年，第 2924—2926 页。

蓝本，除了特别强调了官方对地方武装的控制，较以往并没有什么根本的变化。如《县保卫团法》总则规定："县保卫团以增进人民自卫能力，辅助军警维持治安为宗旨。凡各县地方原有之乡团及其他一切自卫组织，均应依本法之规定，改组为保卫团。各省省政府，得依照本法之规定，参合本省地方情形，拟具施行细则，报内政部备案。"新法还明确提出：以乡长或镇长为甲长，以区长为区团长，以县长为总团长，同时增设副长。各牌长、甲长、区团长及各副长均由总团长委任，并呈报省政府备案。

然而，由于《县保卫团法》实施以后，社会形势不断变化，各地对该法的执行情况出现很大的差别。中央政权想借此统一全国各地方自治武装的预期目标没能完全实现，形形色色的地方武装自治组织依然存在了很长时间。鉴于此，南京国民政府不得不考虑采取其他的方式。

1933年1月，南京当局颁布《"剿匪"区内各省民团整理条例》，规定各县地方武装一律改编为保安队、壮丁队或铲共义勇队。1936年，中央政府又通过了"裁团改警办法"，规定自1936年度起，于三年内裁撤所有保安队职务，逐渐改由警察担任。抗日战争的全面爆发使这一方针被迫中断，但蒋介石并没有因此彻底放弃改编地方武装的努力。1941年颁布的《县警察组织大纲》仍规定了保安团队应逐渐整训改编为警察队的原则。

1941年和1942年在全国行政会议决议案中,也都主张将各种地方警卫组织一律归并到警察体系之内。1944年1月,行政院通过了修正的《各省保安部队整理办法》,规定对保安部队的干部、士兵"加紧予以警察训练,俾充分具备保安警察之知能"。并规定将各省保安部队的"现有数量",裁减五分之一到三分之一,其所保留的保安大队数量也必须由军事委员会和行政院核定,各地方不得在整编内呈请扩编。① 抗战结束后,裁团改警方针在部分地区得以推行。可以说,至此,中国近代地方武装制度基本形成。但可笑的是,在随后的第三次国内战争中,南京国民政府又回到清廷统治者的套路上,将大量保安团投入战斗,与解放军作战。保安团是人民军队在战场上的重要对手之一。在整个解放战争中,中国人民解放军共消灭国民党军队8617264人,其中,以各级保安团为主的非正规军2929276人,占歼敌总数的33.99%。②

---

① 韩延龙、苏亦工:《中国近代警察史》,社会科学文献出版社,2000年,第633页。
② 崔毅军:《解放战争时期的河北省保安团》,硕士毕业论文,河北大学,2003年。

## 四、结语: 从团练到保卫团

清季以降,中国近代政府不得不随着政局的急剧变幻,不断调整其对地方武装的态度与政策。中国传统社会结构中,地方武装是国家力量不足时,必要而有效的补充。但由于其强烈的地域性、自主性及对外界环境一定的妥协性,国家对地方自治武装团体的态度是既鼓励又防范的。各地方武装也因此多是旋募旋散,系临时性的,而非"经制之师"。以嘉庆初年为转折,统治者开始大规模、全面动用基层社会武力。19世纪中叶,清廷旨令各省兴办团练。直至清亡,清政府对地方武装的态度虽时有变化,但已经借机崛起的各地方武装开始作为地方社会的一种常态,成为活跃于近代中国基层社会的一支重要战略力量。进入民国后,袁世凯北洋军阀政府在全国范围内倡建地方保卫团,地方武装也由此逐步开始了由一种社会常态到国家基层社会控制体系重要组成部分的转换。在统治者看来,此时的保卫团不仅是各地方武装的形象代表,也是中央政府借以实现权力向地方下移的途径。然而,已活跃于民国基层社会的各地方武装,并没有随着这一形式上的制度转换,而立即发生质的改变。事实证明,近代中国政府这种以地方武装为媒,在短期内完成国家政权基层社会建设的尝试，是不完全成功的。

实际上，借助保卫团实现国家政权下移的试验，在袁世凯尝试之初就遇到了重重的问题。北洋政府遗留的问题，南京国民政府也没能成功解决。

第一，保卫团自倡建成立之初，即遭到"团练、保甲之遗意"的诘问。能否正确回答这一问题，关系到其日后的走向。

北洋政府的《地方保卫团条例》颁布后，各省区反应不一，关于各该区地方保卫团的具体规定和做法也不尽相同。有些省区的地方保卫团即是以保甲、团练为基础，略加改造而建立和发展起来的，其地方人士将保卫团视之为保甲或团练的延续。如，民国《柏乡县志》即记有"现又添置保卫团是犹保甲之遗意也"之语。① 奉天省则干脆在1918年撤销了保卫团，改编为保甲。② 有些地区则仍多习惯沿用"团练""乡团"等词。③ 如1915年广东商团总公所提出，"非举办全省团练，切实训练乡

---

① 牛宝善纂修，魏永弼编辑：民国《柏乡县志》卷四《武备》，1932年刊本，成文出版社影印，1976年。

② 韩延龙、苏亦工：《中国近代警察史》，社会科学文献出版社，2000年，第414—417页。

③ 以下关于广东保卫团的情形均系参考何文平的《政府的两难与地方的失控：民国初年广东的民团问题》（《晚清以降的经济与社会——第二届中国近代社会史国际学术研讨会论文集》，2007年）等。

团，不足以清内匪"。① 1919年11月，有省议会议员还提议设立"广东全省团练总局"，"以谋普遍而策实效"。② 1920年，陈炯明在回粤之初，也曾"通饬绅民整顿团练，以辅官力之未逮"。③ 地方组建民团也基本按传统团练的路子操办。番禺、东莞七乡曾在清末实行过联乡办团，民国初年曾一度停办，1918年上半年，该处乡民"以时事多故，特欲实行自卫，援照前清成例，再行举办"。④

南京国民政府统治初期，《县保卫团法》将各地方保卫团与地方自治制度相结合，后来干脆停办自治，重兴保甲，许多省则甲团合一，形成"保队甲班"的网络化地方治安保卫系统。保卫团为地方自治之载体、保甲制度之一种等说法，成为当时报纸杂志等论著谈论的重点话题。⑤

从形式来看，《条例》中所规定的保卫团与原有之团练、保甲有些相似。首先，在组织系统和人员编制上，保卫团似乎在

---

① 《筹办全粤团保之计划》，《觉魂日报》1915年4月19日。
② 《建议设立全省团练总局》，《香港华字日报》1919年11月27日。
③ 《省长征求办团缉盗办法》，《广东群报》1921年5月19日。
④ 《琐闻一束》，《香港华字日报》1918年5月2日。
⑤ 参见闻钧天的《中国保甲制度》（上海商务印书馆，1935年）；白崇禧的《民团政策与民族革命》（民团周刊社出版，1938年）；梁上燕的《民团制度与自治》（民团周刊社出版，1939年）；燕京大学社会学系编印的《社会学界》及北平众志学社主编的《众志月刊》；等等。

很大程度上是保甲、团练的再版，《条例》也特别强调了官方对保卫团（实际上是以保卫团为代表的所有地方武装）的遥控指挥。再者，保卫团同团练、保甲一样，被视作国家正统权力体系之外的辅助组织（团练、保甲是传统中国以城治乡的社会结构中区乡"自治"的执行者；保卫团被国家视为"现代"警察的辅助组织）。此外，一些如贵州仁怀、四川达县、安徽蒙城、广西平南等地区的保卫团确实如同原保甲一样，成为一种编民组织，在维持地方治安的同时，行使其他社会功能。[①] 历史的惯性在这里得到了很好的体现。

但是，保卫团与以往之团练、保甲仍然有明显的区别。如，传统之团练在很大程度上是统治者为了应付当时情形之急，团练所需武器、经费等多由官出或者由官方统一管理，这也是其在危急形势过后能立即遣散团练的重要原因。而北洋政府出面倡建的保卫团是在地方武装已成普遍之势的情形下，欲借来通过改造加以利用的，有些被动接受后试图加以努力改造的意味。所以，保卫团有较为完善的制度体系，并成为全国范围内的、统一的、合法的、常设性机关。通过《地方保卫团条例》，北洋政府以法律条文的形式将组织地方保卫团作为一项强制性措施，

---

[①] 魏光奇、丁海秀：《清末至北洋政府时期区乡行政制度考略》，《北京师范大学学报（社会科学版）》2004年第2期。

即各地须从无到有地设立保卫团,或将原各地方武装整合为由政府控制的武装组织。换句话说,北洋政府即以此将民间的那些"在野"地方武装进行改造,统统归入自己设定的框架中。在这个框架里的各地方武装,须受其指挥、监督;在此框架之外的部分,即属应被剿灭、镇压的"匪类"。《县保卫团法》在此基础上,进一步强调了官方对保卫团的控制作用。可以说,此时的保卫团已成为各地方武装的"形象代表",代表国家在地方起示范、督率之影响。以往团练则没有此种"待遇"和"殊荣"。从这一点来看,保卫团与以往之保甲,亦有所不同。至于南京国民政府时期再兴之保甲,并不是传统制度的简单复制,而是根据现实权力结构的需求对其进行了最大限度改造后的产物,① 与往日之保甲已有了很大的差别。另外,按照制度设计,各地方保卫团的经费均由该地方自筹;所需枪支弹药等,也大都是来源于民间。这也是保卫团与以往团练的不同之处。因此,在实际管理等问题上,近代中国政府将会遇到比历代统治者更多的麻烦。

历史,往往是过后回头看时才发现其成败得失。无论是北

---

① 王先明、常书红:《传统与现代的交错、纠葛与重构——20世纪前期中国乡村权力体制的历史变迁》,载复旦大学历史系、复旦大学中外现代化进程研究中心编《近代中国研究集刊(2):近代中国的乡村社会》,上海古籍出版社,2005年,第66页。

洋政府还是南京国民政府，都没有能很好地解决从往日之保甲、团练到近代之保卫团的转化问题。1932年8月，蒋介石在颁发《"剿匪"区内编查保甲户口条例》的同时，还发布了一道"训令"，对包括保卫团在内的地方自治制度提出批评，认为地方武装属于"练"，保甲只属于"团"的范畴，不包括武装。如果站在当时国民政府的立场上看，"训令"所言是十分中肯的，其所提停办自治、先办自卫与区分"团"和"练"的解决办法，也是十分符合实际的。① 但在各地的实际操作中，这些办法都是"打折扣"进行的。就连为蒋介石复兴保甲而打造舆论的闻钧天，也是将保卫团划入"保甲运动"的范畴，进行宣传的。②

北洋政府和南京国民政府完成的，仅仅是对近代地方武装制度层面上的改造。来自民间的地方保卫团身上，凝结着地方与国家关系的碰撞。随着时间的推移，保卫团其地方武装的本质日渐暴露。国家借助创建或改组保卫团来实现基层政权建设的尝试，遇到了挫折。

首先，各地方并没有完全按照中央政府的要求设置保卫团。如北洋政府时期，各地方保卫团的兴办与否，更大程度上取决于各地区的经济、社会治安等具体情况。以直隶为例，广宗县

---

① 魏光奇：《官治与自治》，商务印书馆，2004年，第200—201页。
② 闻钧天：《中国保甲制度》，上海商务印书馆，1935年，第368—430页。

在组设保卫团后不久,即"以款绌而停办"。① 《威县志》也有记载说,民国六年(1917),县知事蔡济襄禀复直隶全省警务处谓:"威地瘠苦筹款维难,故保卫团未曾实行设置。"② 《县保卫团法》颁布实施后,也没有得到各地方的普遍响应。各省当局对该法的执行情况出现了很大差异,各基层社会对该法及该省所拟《施行细则》等亦反应不一。如浙江、江苏、福建等地在保卫团的名下,对《县保卫团法》做了实际的变更。③ 阎锡山主晋期间,山西各区乡虽也在"村治"名义下办有保卫团,但实际上更是阎锡山在"维护地方治安"的旗号下,为山西军阀正规军的扩大提供了源源不断的后备队员。④ 广西新桂系的民团建设亦是如此。

再者,即便是在一些组建了保卫团的地区,其编制、组织系统、经费、训练及职能发挥等项,也并非完全按照制度设计一般进行。以河北省为例,其大部分地方保卫团兴起于20世纪

---

① 姜檝荣修,韩敏修等纂:民国《广宗县志》卷六《法制略》,成文出版社影印,1969年。

② 崔正春修,尚希宾纂:民国《威县志》卷八《政事志下》,1929年铅印本,成文出版社影印,1976年。

③ 韩延龙、苏亦工:《中国近代警察史》,社会科学文献出版社,2000年,第632页。

④ 董江爱:《山西村治与军阀政治(1917—1927)》中国社会科学出版社,2002年,第178—179页。

20年代，却与北洋政府的《地方保卫团条例》没有必然联系；20世纪30年代前期，各地方保卫团普遍设立，但仍是以自由的姿态流行于河北各地方，表现出一定的独立性。如果说，保卫团在剿捕盗匪、保护地方之外，另有扰民、违法之举，是属地方武装"本色"的话，那么，团匪一家即是对国家"厚爱"保卫团的一种嘲讽。至于地方保卫团首借势干涉保卫以外行政事项，参与刑讯、司法，包庇烟、毒、赌、娼，公然与县长、县政府发生冲突，与警察局争权夺势，甚至吞并地方警所等举动，就不能不说，保卫团已开始沦为地方势力与国家抢夺基层社会权力资源的工具了。①

另外，如山东、河南、湖北、湖南、安徽及河北邯郸等地则干脆另立门户，在中央政府规定的保卫团之外，另行组织其他名目的武装团体或恢复原有的联庄会、团练、守望社、联庄会等。② 这无疑也是地方对中央政府权威的一种挑战。中央政权

---

① 吕书额：《河北省地方保卫团研究（1901—1937年）》，博士学位论文，首都师范大学，2007年。

② 参见孙承会的《1910年代河南治安组织的成立和性格》（《社会科学研究》2007年第5期）；王先明、李伟中的《20世纪30年代中国乡村防卫体制的变迁——邹平联庄会与新桂系民团比较研究》（《河北学刊》2002年第5期）；韩延龙、苏亦工的《中国近代警察史》（社会科学文献出版社，2000年，第632页），吕书额的《河北省地方保卫团研究（1901—1937年）》（博士学位论文，首都师范大学，2007年，第167页）。

想借此统一全国各地方武装的预期目标,不仅没有实现,反因相关法令的颁布,而授予地方军阀以更多的发展机会与借口。

总之,自《地方保卫团条例》颁布以来,在国家法律的支持下,地方武装再次进入急速发展阶段,并开始了由战略力量到基层政治权力结构重要分支的转变。随着时间的推移,各地方保卫团日益暴露出其地方武装的本质,流弊丛生。这也是国民政府中后期,蒋介石屡次改组、裁编保卫(安)团(队)的重要原因。但是,由于被国家制度所赋予的权威性,以及地方武装本身所具有的威慑性依然存在,被中央政府选作国家权力下移之媒介的地方保卫团,也就仍旧是各地方势力争夺的对象和竞相利用的工具。以此形式推进国家政权基层建设的愿望,也就很难实现了。

从另外一个角度看,在北洋政府和南京国民政府的倡导下,各地方保卫团的广泛组建,也确实在不同程度上弥补了当时警力之不足,起到了维护地方社会治安、修筑公路等方面的成效。如据《定县志》记载,民国十八年(1929)四月间,定县西北、东南一带土匪猖獗,声势浩大。但"以缺乏军事训练之警士,挟锈塞难用之枪械,弹药既亏,人心益怯,势难与悍匪相抗衡"。因之匪风更炽,地方紊乱,百姓流离。该年五月,地方保卫团正式成立。"半年之内数剿巨匪,匪患赖以次第削平,地方治安因亦逐渐恢复"。① 河南省获嘉县"溃兵散卒勾结游手无赖，遂往往聚集股众，横肆抢劫，劫人勒赎，视为故常，盗窃之风一变而为强盗。至民国十六七年后，办理后备民团，协同驻军合力剿捕，盗风渐息"。②

综上所述，新中国成立前，中国近代地方武装在百余年的时间里经历了数次的调整。在此期间，相关制度逐渐形成，地方武装却始终没有离开自己的航道。

---

① 贾恩绂等纂修：民国《定县志》卷八《政典志·新政篇·公安》，1934年刊本，成文出版社影印，1968年。

② 民国《获嘉县志》卷九《习惯》。

# 基层社会治理视野下的
# 保卫团与近代京畿治安

"京畿"一词在《辞源》和《汉语大词典》中都被解释为"国都及其行政官署所辖地区",《中国历史大辞典》将其解释为"国都和国都附近的地区"。自元至清,历代王朝均以北京为都,北京及其附近州县被统称为京畿。北京政府时期也基本如此。1927年,国民政府定都南京,但北京及其附近州县仍在全国的政治、文化等方面起着举足轻重的作用,人们仍将其惯称为"京畿"。

相对全国其他地区来说,京畿之地向为"首善之区"。但鸦片战争后,中国传统的基层社会治理模式受到冲击,连续动荡的时局使地方社会秩序维护在基层社会治理中的地位更加凸显,就连京畿地区也不例外。① 为了维护地方治安、巩固统治,清政

---

① 关于这一时期的京畿治安问题,可参见拙著《清末京畿社会治安问题浅析》(《北京社会科学》2011年第5期)和《清末京畿治安问题略论》(《廊坊师范学院学报(社会科学版)》2011年第5期)。

府从督办地方团练到创办警政；为弥补当时警力之不足，北京政府、南京国民政府在发展警政的同时，又倡建地方保卫团，协助警察维护地方治安。从现有资料看，当时的北京及其附近州县也可见保卫团在社会治理中的身影。20世纪30年代中期，国民政府先后几次颁令，将保卫团改编为保安团，北京及其附近州县因日军的入侵而呈现出更加复杂的治安问题，这一组织也随政局形势之复杂也出现了分化。故本文将在前人相关研究①的基础上，把研究时段界定在清末至1935年前后，重点对保卫团在近代京畿治安中的表现及其地位与作用进行初步的探讨，并借此透视近代地方社会治理的复杂性。

---

① 学界关于近代北京社会治安研究主要集中于其警政变迁，其中或有提及当时的保卫团，代表性论著有如韩延龙、苏亦工的《中国近代警察史》（社会科学出版社，2000年）；王先明、张海荣的《论清末警察与直隶、京师等地的社会文化变化——以〈大公报〉为中心的探讨》（《河北师范大学学报》2005年第1期）；李自典的《从警政发展看近代北京治安——以警察队伍建设为视角》（《北京人民警察学院学报》2009年第4期）及《北京政府时期京师治安防控管理述论》（《北京史学》2021年第1期）；等等。从基层社会治理研究角度涉及近代京畿地区保卫团的代表性论著，除拙著《河北省地方保卫团研究》（天津古籍出版社，2016年，博士学位论文，首都师范大学，2007年）外，还有如乔志强的《近代华北农村社会变迁》（人民出版社，1998年）；郑起东的《转型期的华北农村社会》（上海书店出版社，2004年）；魏光奇、丁海秀的《清末至北洋政府时期区乡行政制度考略》（《北京师范大学学报》2004年第2期）和一些硕士学位论文；等等。

## 一、保卫团的沿革

清末至国民政府前期的制度设计中，保卫团是一种地方武装团体——警力不足时的有效补充，暨一项政治制度——国家权力扩张的一种工具。从其在地方社会的实际运行与近代中国社会治理角度看，它也是国家基层社会治理体系的组成部分。

20世纪初，处于内外交困的清政府开始实行"新政"。1901年4月，清政府成立督办政务处，作为规划"新政"的机构，并相继推出裁汰绿营、保甲，建立警察等"新政"措施。1902年，直隶总督袁世凯在省城保定创设警务处，编练警察，并令各州县一律仿办。同时，一些州县除了办理"自治"性质的警察局所外，还设有保卫团等地方保卫机构。如据民国《南宫县志》记载，光绪庚子年间，该县城"多组织民团自卫"。① 1913年，清河县知事许绍铭催办民团，要求"挨户出夫"。② 对此，有文献指出"我国各县自清末裁撤绿营及保甲后，承其乏

---

① 黄容惠修，贾恩绂纂：民国《南宫志》卷二十四《石刻篇下》，1936年刊本。
② 张福谦修，赵鼎铭纂：民国《清河县志》卷六《兵事志》。

者厥惟警务，嗣警察力有未逮，势不得不借助于团勇"。① 但当时各地的地方武装形式、名称不一，规模也较小。

民国初年，袁世凯为了统一地方自发形成的各种武装组织，使之控制在中央政府手中，于1914年5月20日颁布了《地方保卫团条例》。由此，保卫团开始成为全国范围内的一个常设性的法定组织。如：据《涿县志》记载，民国初年，该县将原有保甲局改为保卫社，后亦"奉令"将保卫社改为保卫团，并分设四乡分团。②《广宗县志》记载，该县在1913年，奉令办保卫团，"分区举总，选团丁"。③

根据《地方保卫团条例》规定：凡各县未设警察地方，得设立保卫团；各县知事按条例将原有之乡团、保甲进行"切实整理"，改编为保卫团，④ 这就为在全国范围内组织地方保卫团制造了法律依据。同年，袁世凯通过《县警察所官制》提出："县警察所管理区域内之警察事务，但县无设所之必要时，得以保卫团代之"。⑤ 10月4日，袁世凯又在《关于整顿团防案》中

---

① 彭作桢等纂：民国《完县新志》卷四《行政志下》，1934年刊本。
② 宋大章等修，周存陪等纂：民国《涿县志》第四编《党政组织》。
③ 姜谧荣修，韩敏修等纂：民国《广宗县志》卷六《法制略》，1933年铅印本。
④ 蔡鸿源：《民国法规集成》第13册，黄山书社出版，1999年，第258—261页。
⑤ 魏光奇：《官治与自治——20世纪上半期的中国县制》，商务印书馆，2004年，第114页。

明确道出了组织保卫团的目的在于镇压人民群众的反抗。"当此盗匪充斥之际,必人人各尽其捍卫桑梓之责,始足以促公众之安宁。"他指令地方行政长官"慎选"所谓"正人",以"共担义务",对保卫团要"优于礼貌,以崇其体","宽假事权,以尽其能",如果办事得力,"勤能卓著",应当"量请褒扬",要求地方行政长官"分饬所属,切实遵行"。①

国民政府建立后,蒋介石集团对统一各地方自治武装力量也曾做出过努力。1929年初,南京国民政府内政部以《地方保卫团条例》"施行已久,情势变迁"为由,重新拟具了一份《地方保卫团条例草案》提交有关方面审议。随后,此草案改为《县保卫团法》于同年7月13日公布,11月1日施行。1931年4月11日,又公布了修正后的《县保卫团法》。该法总则规定:"县保卫团,以增进人民自卫能力,辅助军警维持治安为宗旨。凡各县地方原有乡团及其他一切自卫组织,均应依照本法之规定,改组为保卫团。各省省政府得依照本法之规定,参合本地方情形,拟具施行细则,报内政部备案"。② 例如:威县原保卫团在枪会运动中解散,县长李幡溪到任后即拟定简章,重新组

---

① 于宝辑:《内务法令辑览》第四册。转引自韩延龙、苏亦工的《中国近代警察史》,社会科学出版社,2000年,第133—137页。

② 戴鸿映:《旧中国治安法规选编》,群众出版社,1985年,第208—212页。

织成立保卫团。① 获鹿县在1928年10月底清查户口后,即实现清乡之后,组织保卫团;1929年初,保卫团奉令改组,全县团丁有千余名,枪械七八百支。② 由此,各地方保卫团亦在国家倡导下普遍建立。

1934年7月,南京政府公布《各省保安制度改进大纲》,要求各省内各县保卫团改编为保安团,统一于省。③ 1935年,内政部通令全国各地取消县保卫团,改组为保卫团队,拟将各省所有团队达到"统由国家管理"的最高原则。保卫团这个名称虽在有些地方仍然存在,但已经不再是合法存在的了。

## 二、 近代京畿地方治安概况

### (一) 清朝末期 (1901—1911年)

清末,是中国历史上亘古未见之大变局时代,社会动乱、

---

① 《视察员视察各县吏治情形、民生状况、各地状况之报告》,《视察特刊》第1号1928年11月。

② 《视察员视察各县吏治情形、民生状况、各地状况之报告》,《视察特刊》第2号1929年7月。

③ 《南昌行营关于拟订各省保安制度改进大纲致行政院公函(1934年7月22日)》,转引自中国第二历史档案馆编《中华民国史档案资料汇编》第五辑《军事》,江苏古籍出版社,1998年,第296页。

军事角逐、民间秘密宗教滋蔓,反清革命思潮也日益高涨,清政府面临十分棘手的社会治安问题。在这种从古代社会向近代社会转变的强烈震动下,"要求改革以挽救危局"则成为中国社会的普遍呼声。1901年,清政府开始裁撤保甲、绿营,采用创设警察等手段,推行"新政",以挽救统治危机。京畿地区,因其特殊的地理、政治、经济、文化等方面的优越地位,使清廷对其治安问题更为重视。相对于地方州县来说,京畿一带的治安状况相对其他地区则较为好些。这一方面是因为京畿地区作为清王朝统治的心脏,向来戒备森严,早期革命党人的一些起义等活动主要在南方,因政局动荡而引起的游勇盗匪作乱等也受到较严密的控制。另一方面,作为"新政"举措之一而出台的现代警政在京畿一带的表现较他处要好一些。清政府正式建警即始于京师。

1901年,清政府仿照西方在中国设立的"安民公所",设立了"善后协巡营",后又改称"工巡总局",作为维持京师治安、执行警察职能的机构。这时的工巡总局不仅掌握京师警察事务,同时兼管工程设施。这一点可以从它的机构设置和职权看出:

"工巡总局直隶于皇帝,由工程巡捕事务大臣统辖,下设公巡总监和副监各一人,辅佐大臣处理局务。总务之内分设工程局、巡捕局，每局除局长外，置巡警队长、巡长和巡捕若干人。""具体职能：一、执行京师城内的警察事务；二、审决'杖'以下之犯罪；三、处理简易民事案件；四、受理京控；五、审理关系外侨的民刑案件；六、经营土木工程事务。"①

继京师之后，北京附近的州县也开始设立地方警察机构。如"1904年，香河县设立警局，由县署知事委任总董、副董"。②同年，房山县也设立巡警总局，设警务长1人，警董1-2人，"均由绅士公举"。③

1905年9月，清廷决定在中央设置巡警部。京师设立警察总司，附近各府、县一律仿照京师设局招警。1906年9月，清政府实行官制改革，改巡警部为民政部，警政成为民政综理的事项之一。随着中央巡警部和民政部的建立，原京师工巡局改组为京师内、外城巡警总厅。

总之，从形式上看，清亡之前京畿地区逐渐形成了较为完善的治安系统。但总体上来看，京畿地区的警政同他处一样，

---

① 社会科学院法学研究所法制史纲研究室编：《中国警察制度简论》，群众出版社，1988年，第323页。
② 王葆安、马文焕：《民国香河县志》，1933年铅印本。
③ 马庆澜、高书官：《民国房山县志》，1928年铅印本。

各地发展状况很不平衡。北京城区的警政自创办以来，无论是在维护治安、负责交通、救火防疫，还是在公共卫生、整饬社会风气、开民智等，都取得了很大的成绩①。当时的社会舆论也给予警察很多的正面评价，如："中国向有保甲未兴警务，然规则不密，裨益于地方者其微，自庚子乱后……兴办警务次第举行……虽曰事属创举，组织未尽完全，然所得效果已不少";②"京师自庚子乱后改立工巡局，颇多善政"。③ 然而，在北京附近的县并未普及或草草从事，仅是形式而已。如北京顺天府"各州县于一切警政毫未讲求"。④

实际上，当时一些州县除了办理警察局所之外，还设有保卫团等地方保卫机构。清政府宣布"新政"之后，各地方陆续裁汰绿营、保甲，建立警察局所，"嗣警察力有未逮，势不得不借助于团勇"⑤，一些地方因此建立保卫团，在境内划分区团，设立区乡团务机构和人员。如：据《永清县志》记载，"乡村有民团自卫组织，团练乡勇，在村中防卫。邻村遇有盗警，召之

---

① 王先明、张海荣：《论清末警察与直隶、京师等地的社会文化变化——以〈大公报〉为中心的探讨》，《河北师范大学学报》2005年第1期。
② 《论巡官责人宜定限制》，天津《大公报》1908年2月3日。
③ 《私刑可畏》，天津《大公报》1905年2月3日。
④ 天津《大公报》1905年2月29日。
⑤ 彭作桢等纂：民国《完县新志》卷四《行政志下》，1934年刊本。

即至"。①

## (二) 北京政府时期 (1912—1927年)

1911年的辛亥革命是一件震惊中外的大事,它不仅宣告了清王朝的覆灭,同时也标志着沿袭两千余年的君主专制制度在中国的终结。1912年3月,袁世凯夺取了革命果实,成为新生的中华民国的最高权力拥有者。如同历代统治者一样,袁世凯对自己脚下的社会治理尤为重视。

北京临时政府建立之后,政局不稳、革命党人的武装起义不断。为了巩固其统治,袁世凯除了加强军事统治外,把充实京师警察机构作为加强整个警察制度的一个首要环节。

1913年初,袁世凯下令将京师内、外城巡警总厅合组为京师警厅,其组织体制、治事规程和各项制度都更趋于严密,使京师地区的警察统治进一步得到强化。此外,他还通过扩充京师警察厅的组织规模、调整京师各分区警察署、加强京师基层警察机构、编练专职警察队等措施来大力改组与充实京师警察机构,在京师及其四郊形成严密的、多层次的警察系统。据统计,当时的警察人数与京师城区面积和人口的比例为:平均每

---

① 永清县志办公室编:《永清县志》,河北人民出版社,2000年,第406页。

平方公里有警察和巡警49人,每一千居民中配置警官和巡警11人。① 由此可见,京师及四郊的人民完全处于警察的严密控制之中。袁世凯还另行组建了京畿军政执法处、京师稽查处、拱卫军司令部执法处等军事特务机关,用来加强对资产阶级革命派和广大人民群众的钳制与镇压。此外,袁世凯为巩固其统治,还颁布《地方保卫团条例》,试图统一各种地方武装组织,使之掌握在自己的手中,以设立保卫团的形式建立维持地方治安的基层控制机制。

1916年6月,袁世凯在日益高涨的反袁斗争中死去。他的死并没有改变中国的政治局面,中国人民仍然处在帝国主义和封建军阀的统治之下,帝国主义由共同支持袁世凯转为各自扶持一些军阀,北洋军阀政权由形式上的统一走向公开的分裂,中国处于更加混乱的状态。各派军阀为扩大各自的势力范围,特别是为争夺北京中央政权,分别投靠美、英、日帝国主义,展开连年不断的火并。无论是段祺瑞为首的皖系,冯国璋为首的直系,张作霖为首的奉系,还是南方的非北洋系的地方军阀,都直接凭借手中的军队彼此抗争和维持割据局面。同时,他们还注重利用警察维护军事独裁统治,并为加强警察机构也曾采

---

① 社会科学院法学研究所法制史纲研究室编:《中国警察制度简论》,群众出版社,1988年,第328页。

取过某些措施。如：1917年4月全国警务会议在北京召开，专门讨论警察章制、警察经费、警员任用、警察募练与考核、警察区划等；1918年2月，北京政府决定整顿与充实县警察队，用以维护地方的"安宁"与"秩序"，等等。但总的说来，这个时期政局动荡，社会秩序混乱，即便是在京畿地区，也同样受军阀混战的影响。因此，全国各地方纷纷设立各种地方武装，保卫团即是其中主要的一种。

## （三）国民政府前期（1928—1935年）

1928年，国民政府以南京为都建立政权，但直至全面抗战的爆发，北京以及附近地区始终没有在其完全控制范围内。由于战乱的困扰，这里的社会治理问题日趋复杂。

南京国民政府前期，京畿地区基本在奉系张作霖的控制范围之内。由于战争甫定，溃散及潜逃之军队变兵为匪者比比皆是，民众因所受压迫沉重而流为匪徒者也颇多。各地土匪打家劫舍，杀人越货，猖狂作案，致使"农辍于田，工商怯于路"，京畿一带治安问题严重。据《河北省志》记载：1929年5月间仅永清就有盗匪重案7起，被枪杀5人，被掳2人，并放火烧毁房屋若干。① 中原大战的爆发，使社会秩序又一次遭到破坏，京畿地区伏莽遍地，匪患迭出。"九一八"事变后，京畿地区局势日趋严峻，一些汉奸与不轨之徒乘机作乱。如：1935 年，以永清汉奸王协中、王建中为首的一伙亲日派在日本驻津特务机关驱使下，在永清发动暴乱。②

总之，20 世纪前三分之一的时间里，中国政局动荡，京畿一带治安虽相对好于其他地方，但亦深受战乱之苦。在盗匪四起，败兵流寇肆扰的情况下，维护境内秩序的安定成为各社会阶层要解决的共同问题。

## 三、 保卫团与京畿地方治安

在民国时期的相关制度中，保卫团是在国家的指挥、监督下，与"会匪""共匪"等相对立的，维护地方治安的地方武装。其主要职能是清查户口，围捕匪徒。如：1914 年的《地方保卫团条例》规定：

---

① 河北省地方志编撰委员会编：《河北省志》第 62 卷《政府志》，人民出版社，2000 年，第 173 页。

② 永清县志办公室编：《永清县志》，河北人民出版社，2000 年，第 436 页。

各团户口由保董督同甲长、牌长按户清查列表，交由团总，缮具清册，其外来寄居及无业游民尤须特别注意随时查察，另行列表注册报告，正册呈县转报省长，副册存团备查。各团户口清查终了时，遇有死亡迁移外出及生殖寄居等事，需随时查明列表修正之。团内住户有藏留盗贼或寄顿赃物时，团总等随时确查指获送由总监督惩办。各团有匪警时，团总得临时召集团丁围捕，除匪徒拒捕应有正当防御外，于捕获后送由总监督讯办，不得违法私讯。①

1929年的《县保卫团法》规定：

各居户如有意窝藏聚集、或携带违禁物品者，甲长、牌长须随时稽查指获，解送该管官署依法讯办。各乡镇遇有水火、盗贼及其他非常事变时，各甲长应以一定警号召集团丁，分任围捕、消防事宜，并一面飞报县、区核办及邻近村镇协助，除匪徒拒捕得正当防卫外，所获匪徒应即解送该管官署依法讯办，不得私讯。各甲长、牌长闻邻近乡镇有警时，应即召集团丁前往协助。各区团长接到各乡镇警报，应即召集本区团丁前往应援，遇情节重大时，并

---

① 蔡鸿源：《民国法规集成》第13册，黄山书社，1999年，第258—261页。

应报县调派军警赴剿。各团长接到前条警报,应即率警督同各区保卫团赴援,如遇大股匪徒不能抵御时,并应即咨会附近驻军赴剿,一面飞报省政府核办。①

总之,从制度上看,作为一种警察辅助组织,保卫团是政府为强化社会治理而采取的一项重要措施。具体而言,保卫团负责侦察户居、搜捕盗贼、平息事变、协助追剿股匪等。实际上,它既在"清查户口""围捕匪徒,维护地方治安"方面发挥着功效,又有畏匪勾结之举、加重人民负担的一面。

(一) 保卫团清查户口、检查盗贼赃物、围捕匪徒、维护地方治安

就清查户口而言,在现有的资料中很难找到京畿地区的保卫团在此项工作上的具体表现,仅见于一些书面上的努力。例如《顺义县地方保卫团办事细则》规定:

> 各团户口遇有迁移、婚嫁、出生,死亡等事,各村长佐须随时查明报由团总,呈请在户册更正。清查户口后,册籍自有稽考,有团各户如有窝藏匪类或寄顿枪支赃物及

---

① 戴鸿映:《旧中国治安法规选编》,群众出版社,1985年,第208—212页。

> 无业游民等,各团总、保董、甲长、牌长等均应特别注意,随时察查捕送监督讯办。①

保卫团此项职能实施情况的记录甚少,也说明它的此项职能不受重视。这与京畿地区警察对编查户口所做的诸多努力是分不开的。

1908年10月,民政部奏定公布的《调查户口章程》、1909年12月巡警总厅公布的《京师调查户口实行细则》以及1910年3月公布的《调查户口簿册登记凡例》,其内容都表明清政府对户籍管理的重视。其中《调查户口章程》规定,户口调查在京师由巡警总厅厅丞任总监督,在总监督领导下,由警政人员组成调查处,具体办理调查事宜。袁世凯于1915年进行了一次全国范围的户口调查,并公布了《警察厅户口调查规则》,调查结束后由主管警察官吏造具该管区域户口清册。而日常户籍管理,如出生、死亡、迁出、迁入登记等,户主须于法定五日内如实陈报,该管警署每届年终编制户口变动表册,呈送上级官署转报内务部。

就围捕匪徒、维护地方治安而言,各地保卫团的表现不尽相同,大体可以分为以下几种:

---

① 《顺义县地方保卫团办事细则》,顺义档案馆藏档案,馆藏号:3-1-213。

1. 以城市和县城为中心的地区，保卫团的作用较小。如前所述，京畿一带警政办理相对较好，警察势力较强，大量警察、警备队等在防匪、剿匪以及维持地方日常治安的能力很强。因此，这里的保卫团一般只起到辅助的作用。这与1914年《地方保卫团条例》和1929年《县保卫团法》等法规的要求，基本一致。

2. 在乡镇，有些保卫团剿匪有力，有些则畏匪勾结，良莠并存。在一般乡镇、村落，地方警察仍不能普及，警力薄弱。这时，保卫团在地方治安中的表现凸显，发挥重大作用。在有些地方，保卫团出力剿匪，取得明显效果，对地方治安及社会秩序起到一定的作用。如：

> 永清县"治安管辖范围只限城关，警力单薄，稽查烟赌、缉捕匪徒等办理无力"。①
>
> "文安、大城县地方治安向凭保卫团维持，警察又因枪械丢失素不负此项责任"。②

---

① 永清县志办公室编：《永清县志》，河北人民出版社，2000年，第407页。
② 《视察员视察各县吏治情形、民生状况、各地状况之报告》，《视察特刊》第1号1928年11月。

通县"警力甚属单薄,遇事全赖会同保卫团协办"。①

蓟县保卫团自办团以来,因力"颇称充实,且办理亦极有声色","剿灭土匪抵御逃军,乡间赖以安靖,人民得以生存"。②

然而,在有些地方,保卫团剿匪不力,治安成效很少;甚至在有些地方保卫团畏惧匪徒,或与之勾结。例如:

据视察员调查:武清县虽分八区,并每区成立保卫团十余队或三五分队不等,但"察其实际,只有第一、二区办理较好,其他各分区多系有名无实";安次县保卫团也是办理不善,有名无实。③

文安县保卫团"布置不周,抵御不力"甚至"慑于匪威不敢前往剿灭"。因此,除保卫团驻扎之村镇尚能安居乐

---

① 《视察员视察各县吏治情形、民生状况、各地状况之报告》,《视察特刊》第2号1929年7月。

② 《训令蓟县县长据视察员报告该县保卫团情形及办理仰即遵行由(12月20日)》,《河北政汇刊》1929年6月。

③ 《视察员视察各县吏治情形、民生状况、各地状况之报告》,《视察特刊》第1号1928年11月。

业外,"其他各村均因匪患不能安生"。①

## (二) 保卫团存在的一些问题

首先,办团经费加重了人民的负担。关于保卫团的经费,《地方保卫团条例》规定,"保卫团经费由各该处就地筹款";《县保卫团法》规定,保卫团经费"由总团长招集会议就地筹集之"。在实际实行中,京畿地区保卫团所需一切经费均由地方自行筹措,然而方式各异,"有随田赋附加者,有按村镇摊派者,有归商民分摊者,有附加摊派参用者,甚至有一乡一镇自行筹收支销者"②。如:

> 威县保卫团经费初由各村自筹,经费轻重不等,后改归随粮带征,每亩铜元八枚。③
>
> 元氏县保卫团1928年成立之际,年需经费1620余元,"按每亩摊派,每粮银一两,派洋七角,分两次交纳"。④

---

① 《视察员视察各县吏治情形、民生状况、各地状况之报告》,《视察特刊》第1号1928年11月。
② 河北省民政厅:《民国二十四年度行政计划》,《河北民政刊要》1937年7月。
③ 崔正春修,尚希宾纂:民国《威县志》卷八《政事志下》,1929年铅印本。
④ 李林奎修,王自尊纂:民国《元氏县志》,1931铅印本。

但无论方式如何，其结果都加重了人民的负担。因此而引起保卫团与民众冲突、民众称苦的情况也大有存在。如：

> 清河县"人民受累至重者，莫若团费"。①
> 永清县保卫团每月"经费颇巨，人民屡有烦言"。②
> 东光县保卫团"全年经费约须四万余元之多，民间按亩抽摊，大有日不聊生之势，办理不得法"。③

再者，一些保卫团的团首、团丁借势扰民。团首的能力、素质对保卫团的职能发挥等有很大影响。部分团首借手中武装胡作非为，如文安保卫团副团总把团丁视为私有的势力，常借势纵匪，欺压乡民。据称，该副团总"挟其优越地位，上能通达官府，身领武装团丁，民众稍有拂逆，动辄率团逮捕痛殴，民众受其害大有其人"。④再如：

---

① 《视察员视察各县吏治情形、民生状况、各地状况之报告》，《视察特刊》第2号1929年7月。
② 同上。
③ 同上。
④ 吉人：《文安县通讯·土劣活跃下的文安县》，《众志月刊》第1卷第2期1934年5月。

永清境内盗匪猖獗,经常有土匪携带武器公开出没于城镇乡村。职司剿匪任务的保卫团与土匪拜盟结亲,呼兄唤弟,以保自安。①

大城因保卫团扩充太大、用款过巨,拟行改编,但有"恐所裁团兵无法生活,勾结土匪骚扰"。②

## 四、结语

综上所述,清末至 20 世纪 30 年代中期,京畿一带的治安与他处有异有同,其地方保卫团的表现也随之有所变化。在警政办理较好的地区,保卫团起到了辅助警察的作用;在警力不足的地区,保卫团则弥补了地方治安中的空虚。总体看来,京畿地区保卫团的实施基本在规章制度规定的范围之内。这与当时的其他地区有几分不同。例如:河北省的地方保卫团的势力与规模较大,并超过了规定的权限,且大多保卫团"不合章法",

---

① 永清县志办公室编:《永清县志》,河北人民出版社,2000 年,第 407 页。
② 《视察员视察各县吏治情形、民生状况、各地状况之意见》,《视察特刊》第 1 号 1928 年 11 月。

有的地方甚至超越了警察。① 在山西省，晋系阎锡山打着"维护地方治安"的旗号，通过设立保卫团，把原有乡村存在的各种名目的武装都收归军阀政府的名下，这在消除地方势力对政府的潜在威胁，维持地方治安的同时，更为正规军的扩大储备了兵源。②

但是，同处于特定的历史条件下，京畿地区的保卫团也存在与他处相同的问题与不足。政局动荡、地方社会秩序混乱、社会治理问题复杂，是当时各地的共同历史大背景。各地方保卫团都是在这一环境下兴起的地方武装。京畿地区的保卫团与地方社会治理的关系，与他处的异或同，与保卫团的地方武装性质及近代京畿的特殊性有关。

---

① 吕书额：《河北省地方保卫团研究（1901—1937）》，天津古籍出版社，2016年，142—150页。

② 董江爱：《山西村治与军阀统治（1917—1927）》，中国社会科学出版社，2000年，第178—179页。

# 地方史料中的北京顺义保卫团

保卫团是民国前期常见于地方社会的一种社会组织。北京政府和南京国民政府虽先后颁布《地方保卫团条例》和《县保卫团法》，但各地方保卫团在实际组建和运行中，情形不一。目前学界已就河北、上海、河南获嘉、绥远等地方保卫团做了专题论述，对北京地方保卫团的关注仅见韩延龙、苏亦工著《近代中国警察》[①]一书中关于《京兆地方保卫团细则》几百字的介绍。这显然与北京在近代中国历史上的地位是不相匹配的。本文将试就现顺义区档案馆馆藏档案和方志等地方史料，对活跃于这一地方的保卫团之兴衰、沿革等概况进行梳理，并在此基础上对其在基层社会治理中的作用、影响做简要评价，以丰富我们对这一近代社会组织及近代北京地方社会的认识。

清末的北京虽为天子脚下的"首善之区"，但其治安也因时

---

① 韩延龙、苏亦工：《近代中国警察》，社会科学文献出版社，2000年。

局的动荡而受到影响。① 尤其是庚子国难后，组织武装以保卫地方的需要和诉求出现在越来越多的基层社会中。据民国《顺义县志》载，"光绪庚子年土匪蜂起，地方被害"，境内第三区小朱堡村人朱建魁"慷慨仗义，办理联庄会，有警互助"。② 一般来说，这些源于地方自卫之需而由民间自发组织起来的武装，国家是既鼓励又防范的。1914年5月，袁世凯政府即通过《地方保卫团条例》（以下简称"条例"）提出：凡县属未设警察地方，得设立保卫团；各县知事按条例将原有之乡团、保甲进行"切实整理"，改编为保卫团；各省得就本条例所定大纲，参合各该地方情形，拟具施行细则，呈报内务部备案。③ 此时的京兆区显然早已非"未设警察地方"，但同年8月，袁世凯再次通令各将军、巡按使、都统晓谕商民，共筹保卫闾阎，认真办理原有民团、商团；④ 并在《县警察所官制》头条规定：各县若无

---

① 关于这一时期的治安问题论述，可参见拙著《清末京畿社会治安问题浅析》（《北京社会科学》2011年第5期）和《清末京畿治安问题略论》（《廊坊师范学院学报（社会科学版）》2011年第5期）。

② 李芳等修，杨得馨等纂：民国《顺义县志》卷十三《人物志·乡型》，1933年铅印本，成文出版社，1968年影印本，第711页。

③ 蔡鸿源主编：《民国法规集成》第13册，合肥黄山书社，1999年，第258—261页。

④ 李新总编，韩信夫、姜克夫主编：《中华民国大事记》第一册，中国文史出版社，1997年，第339页。

设警察所之必要时,"得以保卫团代之"。① 据《政府公报》载,1915年4月福建巡按使呈拟《福建省保卫团施行细则》后,袁世凯批复"先协力由京兆试办"。② 所以,如果说一系列政令、法规的相继推行凸显了中央政府对地方治理问题的重视,那么袁对京兆保卫团的格外"重视"显然是因其对近距离的各种地方武装有着更强烈的提防心理和控制欲望。毕竟,一般来说,任何政权都不会允许在其控制工具外有另种武装团体的存在,更何况是在中央首府附近的京兆地方。于袁世凯政府而言,规范各色地方武装、努力将之纳入官方治理体系,是他及其后各届中央政府加强集权的重要举措。

从现有资料看,自袁世凯政府公布上述法令后,以"保卫团"为名的社会组织就开始出现在民国初年的顺义地方。据民国《顺义县志》卷二"建置"载:"民国三年,汤啸秋莅顺,第一政策在设保卫团。全境分设三十二团,团有总,每团分二保或三保,保有董。团有丁壮二十名。"卷十六"杂事记"的简录也印证了这一状况:"民国四年全县组成保卫团每区一团"。③不过,如果放眼至整个京兆地区的话就会发现,此时的顺义保

---

① 戴鸿映:《旧中国治安法规选编》,北京群众出版社,1985年,第65页。
② 《政府公报》第1084期。
③ 李芳等修,杨得馨等纂:《顺义县志》,1933年铅印本。

卫团是少有的个案。据京兆尹1919年向内务部呈交的《京兆地方保卫团施行细则》中指出："京兆地方虽经次第推行，办理亦未能一致"①。

如果纵观顺义地方保卫团的兴衰，可以说，北京政府时期的《地方保卫团条例》等政令只是为之前明名目不一的、各种以保卫地方为宗旨的地方武装提供了一个统一的名称，和这些基层社会组织可以以"保卫团"之名合法存在的法律依据。是否创建保卫团更多取决于基层社会自身的需要，其规模、实力等与地方经济、治安形势等息息相关。

从当时相关部门留下的调查资料暨档案馆现存档案可见，具有一定规模和实力的保卫团兴起于顺义一带是在20世纪20年代。

据《顺义县志》载，1927年，县政府组建保卫团，境内成立31个保卫团和1个商团。设专职人员42人，团辖村庄均设团丁，大村80人、中村60人、小村40人。但受奉系军阀在北京一带白色恐怖统治的影响，此时这些保卫团除了肩负地方治安外，"主要用于防止共产党活动"②。

1928年7月4日，经南京国民政府批准，国民政府河北省

---

① 《政府公报》第1084期。
② 顺义县地方志编纂委员会：《顺义县志》，北京出版社，2009年，第561页。

政府在天津宣告成立，晋系将领阎锡山为省府第一任主席。当月20日，河北省民政厅成立。8月，省府派出14名视察员分赴各县①，就其官吏政绩、地方保卫等状况进行视察。今顺义区档案馆保存了这次视察留下的一些资料②。从视察员交回的其中一份调查表可见：成立时间最早的顺义保卫团是1921年2月驻扎于杨各庄的商团，其次是成立于1922年的牛栏山镇、北狼塚和榆林村三处的保卫团；其余二十几个区保卫分团自1923年至1928年8月间，组建时间不一。相对而言，1924年和1928年8月两个时间较为集中。该保卫团调查表虽是视察员在1928年底1929年初调查所得，且有9个区保卫分团是成立于1928年8月。但仍可看出其成立仍是地方自主行为，系地方自治范畴，而非因官方政府之令。这份调查表还显示了其辖内十一区各保卫分团驻扎地、人数、枪支子弹及相关收入与支出等信息。如各区保卫团规模、实力不一。其中，团丁人数最多可相差三倍，且有的设有团总无职员，有的有职员无团总。有的保卫团能够

---

① 当时河北省共有139个县，被划分为14区。
② "河北省顺义县保卫团调查表"（1929年3月1日），顺义区档案馆馆藏档案，馆藏号：3-1-86。注：在顺义县档案馆馆藏档案3-1-86中，有两份"河北省顺义县保卫团调查表"，日期分别为1929年3月1日、1929年3月5日。两表所列项目有重复之处，但在细节数据上有出入。为更详细呈现顺义保卫团情况，兹将两份调查表均列于文。

人手一枪，有的却没有任何枪械。从表面上看，经费来源基本为由各属村公摊，各团收支相抵，但其经费数额有很大差别，多者达960元，少者仅有154元。另一份调查表则主要记录了顺义县各区保卫团的团丁和枪支、弹药情况。（详见下表）

**河北省顺义县保卫团调查表（1929年3月1日）**

| | 团别 | 驻扎地 | 成立日期 | 人数 | | 枪支 | 子弹 | 各项地方收入 | 各项地方支出 |
|---|---|---|---|---|---|---|---|---|---|
| 第一区 | 第一团 | 县城内 | 1924年 | 团总1名 | 团丁5名 | 火枪2支 | | 225元 | 225元 |
| 第二区 | 商团 | 杨各庄 | 1921年2月 | 职员2名 | 团丁6名 | 套筒6支 | 300粒 | 792元 | 792元 |
| 第二区 | 一团 | 杨各庄 | 1926年 | 团总1名 | 团丁10名 | 土枪9支 | | 727.04元 | 727.04元 |
| 第二区 | 二团 | 下营村 | 1926年 | 团总1名 | 团丁10名 | 土枪9支 | | 527.5元 | 527.5元 |
| 第三区 | 第一团 | 临河村 | 1928年8月 | 团总1名 | 团丁12名 | 来复枪8支 | | 11村公摊960元 | 960元 |
| 第三区 | 第二团 | 李家桥 | 1928年8月 | 团总1名 | 团丁7名 | 火枪7支 | | 8村公摊154元 | 154元 |

(续表)

| 团别 | | 驻扎地 | 成立日期 | 人数 | | 枪支 | 子弹 | 各项地方收入 | 各项地方支出 |
|---|---|---|---|---|---|---|---|---|---|
| 第三区 | 第三团 | 吴家营 | 1928年8月 | 团总1名 | 团丁6名 | 火枪6支 | | 9村公摊300元 | 300元 |
| 第三区 | 第四团 | 芦各庄 | 1925年11月 | 团总1名 | 团丁8名 | 火枪8支 | | 7村公摊400元 | 400元 |
| 第四区 | 第一团 | 北石槽 | 1927年2月 | 团总1名 | 团丁6名 | | 376元 | 376元 | |
| 第四区 | 第二团 | 前渠河 | 1928年8月 | 团总1名 | 书记1名 团丁5名 | 土枪7支 | | 516元 | 516元 |
| 第五区 | 第一团 | 萧家坡 | 1924年 | 团总1名 | 团丁6名 | 来复枪4支 | | 288元 | 288元 |
| 第五区 | 第二团 | 牛栏山镇 | 1922年 | 职员4名 | 团丁16名 | 无 | | 864元 | 864元 |
| 第六区 | 第一团 | 窐里村 | 1928年8月 | 团总1名 | 团丁10名 | 土枪9支 | | 727.04元 | 727.04元 |
| 第六区 | 第二团 | 马辛庄 | 1928年8月 | 团总1名 | 团丁9名 | 来复枪9支 | | 552元 | 552元 |

(续表)

| 团别 | | 驻扎地 | 成立日期 | 人数 | | 枪支 | 子弹 | 各项地方收入 | 各项地方支出 |
|---|---|---|---|---|---|---|---|---|---|
| 第六区 | 第三团 | 俸伯村 | 1928年8月 | 团总1名 | 团丁10名 | 土枪10支 | | 636元 | 636元 |
| 第七区 | 第一团 | 塔河村 | 1928年8月 | 团总1名 | 团丁6名 | 火枪6支 | | 6村公摊432元 | 432元 |
| 第七区 | 第二团 | 北法信村 | 1924年 | 团总1名 | 团丁6名 | 来复枪4支 | | 288元 | 288元 |
| 第七区 | 第三团 | 水坡村 | 1927年2月 | 团总1名 | 团丁10名 | 来复独子手枪（?）支 | 三八式3粒 | 342元 | 342元 |
| 第八区 | 第一团 | 北狼垓 | 1922年 | 团总1名 | 团丁10名 | 毛瑟枪2支；来复枪8支 | 毛瑟子弹28粒 | 840元 | 840元 |
| 第八区 | 第二团 | 东杜兰庄 | 1924年 | 团总1名 | 团丁8名 | 来复枪6支 | | 570元 | 570元 |
| 第八区 | 第三团 | 毛家营 | 1927年8月 | 团总1名 | 团丁10名 | 土枪9支 | | 672元 | 672元 |
| 第九区 | 第一团 | 马家卷 | 1924年 | 团总1名 | 团丁7名 | 来复枪2支 | | 420元 | 420元 |

(续表)

| 团别 | | 驻扎地 | 成立日期 | 人数 | | 枪支 | 子弹 | 各项地方收入 | 各项地方支出 |
|---|---|---|---|---|---|---|---|---|---|
| 第九区 | 第二团 | 相各庄 | 1926年 | 团总1名 | 团丁7名 | 火枪7支 | | 600元 | 600元 |
| 第九区 | 第三团 | 巾滩营 | 1924年 | 团总1名 | 团丁7名 | 扣炮土枪7支 | | 420.8元 | 420.8元 |
| 第九区 | 第四团 | 寺上村 | 1924年 | 团总1名 | 团丁5名 | 无 | | 292元 | 292元 |
| 第十区 | 第一团 | 李遂店 | 1923年10月 | 团总1名 | 团丁4名 | 火枪4支 | | 8村公摊312元 | 312元 |
| 第十区 | 第二团 | 北河村 | 1928年8月 | 团总1名 | 团丁12名 | 火枪10支 | | 8村公摊406元 | 406元 |
| 第十区 | 第三团 | 北务村 | 1926年1月 | 团总1名 | 团丁5名 | 无 | | 各村公摊396元 | 396元 |
| 第十区 | 第四团 | 田家营 | 1923年10月 | | 团丁4名 | 火枪4支 | | 各村公摊312元 | 312元 |

(续表)

| 团别 | | 驻扎地 | 成立日期 | 人数 | | 枪支 | 子弹 | 各项地方收入 | 各项地方支出 |
|---|---|---|---|---|---|---|---|---|---|
| 第十一区 | 第一团 | 东沿头 | 1923年9月 | 职员4名 | 团丁10名 | 毛瑟、火枪各1支；套筒2支 | 毛瑟13粒；套筒150粒 | 822元 | 822元 |
| 第十一区 | 第二团 | 仇家店 | 1923年 | 职员2名 | 团丁8名 | 套筒1支 | 套筒40粒 | 600元 | 600元 |
| 第十一区 | 第三团 | 榆林村 | 1922年 | 职员2名 | 团丁9名 | | | 756元 | 756元 |

### 顺义县各区保卫团枪械概况表（1929年3月1日）

| | 团别 | 人数 | | 枪支 | 子弹 |
|---|---|---|---|---|---|
| 第一区 | 第一团 | 团总1名 | 团丁5名 | 火枪2支 | |
| 第二区 | 商团 | 职员2名 | 团丁6名 | 套筒6支 | 300粒 |
| 第二区 | 一团 | 团总1名 | 团丁10名 | 土枪9支 | |
| 第二区 | 二团 | 团总1名 | 团丁10名 | 土枪9支 | |
| 第三区 | 第一团 | 团总1名 | 团丁12名 | 来复枪8支 | |
| 第三区 | 第二团 | 团总1名 | 团丁7名 | 火枪7支 | |

(续表)

| 团别 | | 人数 | | 枪支 | 子弹 |
|---|---|---|---|---|---|
| 第三区 | 第三团 | 团总1名 | 团丁6名 | 火枪6支 | |
| 第三区 | 第四团 | 团总1名 | 团丁8名 | 火枪8支 | |
| 第四区 | 第一团 | 团总1名 | 团丁6名 | | |
| 第四区 | 第二团 | 团总1名 | 书记1名 团丁5名 | 土枪7支 | |
| 第五区 | 第一团 | 团总1名 | 团丁6名 | 来复枪4支 | |
| 第五区 | 第二团 | 职员4名 | 团丁16名 | 无 | |
| 第六区 | 第一团 | 团总1名 | 团丁10名 | 土枪9支 | |
| 第六区 | 第二团 | 团总1名 | 团丁9名 | 来复枪9 | |
| 第六区 | 第三团 | 团总1名 | 团丁10名 | 土枪10支 | |
| 第七区 | 第一团 | 团总1名 | 团丁6名 | 火枪6支 | |
| 第七区 | 第二团 | 团总1名 | 团丁6名 | 来复枪4支 | |
| 第七区 | 第三团 | 团总1名 | 团丁10名 | 来复独子手枪 | 三八式3粒 |
| 第八区 | 第一团 | 团总1名 | 团丁10名 | 毛瑟枪2支；来复枪8支 | 毛瑟子弹28粒 |
| 第八区 | 第二团 | 团总1名 | 团丁8名 | 来复枪6支 | |
| 第八区 | 第三团 | 团总1名 | 团丁10名 | 土枪9支 | |
| 第九区 | 第一团 | 团总1名 | 团丁7名 | 来复枪2支 | |
| 第九区 | 第二团 | 团总1名 | 团丁7名 | 火枪7支 | |

(续表)

| | 团别 | 人数 | | 枪支 | 子弹 |
|---|---|---|---|---|---|
| 第九区 | 第三团 | 团总1名 | 团丁7名 | 扣炮土枪7支 | |
| 第九区 | 第四团 | 团总1名 | 团丁5名 | 无 | |
| 第十区 | 第一团 | 团总1名 | 团丁4名 | 火枪4支 | |
| 第十区 | 第二团 | 团总1名 | 团丁12名 | 火枪10支 | |
| 第十区 | 第三团 | 团总1名 | 团丁5名 | 无 | |
| 第十区 | 第四团 | | 团丁4名 | 火枪4支 | |
| 第十一区 | 第一团 | 职员4名 | 团丁10名 | 毛瑟1支；套筒2支；火枪1支 | 毛瑟13粒；套筒150粒 |
| 第十一区 | 第二团 | 职员2名 | 团丁8名 | 套筒1支 | 套筒40粒 |
| 第十一区 | 第三团 | 职员2名 | 团丁9名 | | |

由情况调查表可见，1929年初，该县各区保卫团所拥有的枪支多为套筒、火枪、土枪、来福枪等，偶有毛瑟等，且各区保卫团的枪支普及程度不同，有的尚够人手一枪，有的不足敷用，子弹数量也不多。如果单纯从保卫团自身拥有的枪支种类和数量上看，可见其"来自民间"的色彩。但相对于其他地方保卫团的多为冷兵器来说，顺义县保卫团的武器装备还是先进了很多。如再观1928年11月河北省民政厅调查顺义县公安局枪

支情况,甚至还可以说,顺义县各区保卫团的实力毫不逊色于"官办"的地方警局。① 据《顺义县志》记载,1928年顺义县警察所改为公安局,设局长1人、课长3人,督察员、教练员各1人,警长2人、警士27人。县公安局下设公安马队、5个分局、3个分驻所。公安马队设警长1人、马警9人、马10匹、马夫1人。各公安分局设局长1人、局员1人、警长2人,警士9～13人不等。分驻所设所长1人、警长2人、局员1人、警士7人。② 这样的人数与前述枪支的比例,显然没有优于"自治"的保卫团。

出现这样的"差距",与顺义县地方经济发展和政治局势有关。1920年,直皖战争爆发,直隶地方百姓深受战乱之苦。在随后的七八年里,直隶仍是北方各军阀混战的主战场之一。这期间,境内局势动荡、政治腐败,且天灾不断,歉收连年。因此,各处盗匪潜滋,游勇遍地,民不聊生。然而,各县警力单弱,"防患实有未能"。于是,各地方相继兴办保卫团。对此,亦有文献指出:"盗匪横行,白昼劫杀,国民生命财产,无论都会,乡村,乃至商铺租界,无日无时而不在危险之中。公家机关既无维持能力,个人财力腕力,又非盗贼之敌。于是结团自

---

① 本局及由外借来共77枝(由商会借来43枝),可用者50,不敷分配使用。
② 顺义县地方志编纂委员会:《顺义县志》,北京出版社,2009年,第617页。

卫，乃成国民普遍的运动。"①

也正因如此的"自治"，此时顺义保卫团与该时河北省政府关于组建保卫团的要求存有一定距离。在省政府成立的当月底，河北省民政厅就颁行了《县政府暂行内务行政纲要》，向各县提出"整顿民团"的要求。② 随后，省民政厅特制定"河北省×县设置警备队调查表"，通令各县切实查明"旧有复杂团体"，按表填报境内各武装团体的名称、成立年月、编制情形、饷源开支、枪支数目，"以便统筹划一之方，而收保卫闾阎之利"。③ 可以说，河北省政府在成立之日起即着手进行整编保卫团事项，与晋系军阀主冀，使河北地方保卫事务也多多少少地沾染上某些山西"村治"的色彩有关。

在1929年3月13日的"上届视察员会议"上，河北省民政厅称：各县保卫团虽呈报成立改组者已不少，但据闻各县保卫情形"多系有名无实"。④ 据1929年省派视察人员报告，顺义"地方保卫团，尚未照章成立，现在每区只有区团丁八九人，或十数人不等，实系杯水车薪，无补于事。"⑤ 1930年1月14日，

---

① 王怡柯：《农村自卫研究》，出版地不详，1932年，第34—35页。
② 《县政府暂行内务行政纲要》，《河北民政汇刊》（1928年12月）。
③ 河北省民政厅编印：《半年工作撷要》（1928年7月至12月），第120页。
④ 河北省民政厅编印：《视察特刊》第2号1929年7月。
⑤ 同上。

河北省民政厅厅长孙奂伦再次在一道训令中指出,"查本省旧日地方自卫团体,前以名目复杂,积弊丛生,当经提议颁发组织条例,一律改组,嗣据各属呈报改组情形,核其内容,殊鲜完备,虽经随时指正,仍多阳奉阴违。"①

在顺义档案馆馆藏档案中,可见一份记录时间为1929年8月31日的资料②,内容是关于顺义县"成立保卫团临时讨论会"议决购枪办法。

> 购枪应以村民种地多寡为标准,强令村民购枪,一项以上不足二项者购枪一支;种地二项以上不足5顷者购枪2支;种地5顷以上不足10顷者购枪3支;种地10顷以上不足20顷者购枪4支;种地20顷以上者购枪5支,每枪附子弹若干。如村无种地百母者,准购火枪、独子撅。

由方志、档案等资料还可看到,1930年,顺义县改组保卫团③,并制定了《顺义县地方保卫团办事细则》④。该细则在参

---

① 《出巡纪实》(1929年),第379—380页。
② "县成立保卫团临时讨论会会议记录",顺义区档案馆藏档案,档案号:3-1-83。
③ 顺义县地方志编纂委员会:《顺义县志》,北京出版社,2009年,第561页。
④ 《顺义县地方保卫团办事细则》,顺义县档案馆藏档案,档案号:3-1-213。

照《河北省各县地方保卫团组织条例》的基础上，更多地融进了本地区的实际情形。如：就保卫团组织结构做出了不同的安排，规定在顺义县境内，"不论村庄之多寡，每相离五六里作为一团"，团下设牌、甲、保，按户编制，"十户为一牌，十牌为一甲，五甲为一保"。同时，该细则对保卫团首、团丁的设置，保卫团的经费问题、枪支问题，及保卫团对基层社会治理的参与范围、程度等，都有具体说明。细则规定：

> 保卫总团设团总一人，由地方公举。各团大村设团丁八十名，中村设团丁六十名，小村设团丁四十名。村如再小，数村合一，协力办理。除家无次丁及未成年暨老弱残废不令服务外，其余各户由团总秉公抽派各团丁。另在众团丁中择"有防务经验、勇于干事者"一人，提充为团目。
>
> 各团户口遇有迁移、婚嫁、出生、死亡等事，各村长佐须随时查明报由团总，呈请在户册更正。清查户口后，册籍自有稽考，团内各户如有窝藏匪类或寄顿枪支赃物及无业游民等，各团总、保董、甲长、牌长等均应特别注意，随时查察捕送监督训办。
>
> 保卫团团费应归各村自行担负。团中雇用书记、团役之月薪由各村酌量公摊，无力小村或二三村合并办理。
>
> 保卫团将地方城镇乡村各户凡有家藏各种枪支，概行

收用。各团如枪支不敷，得备置各种器械临时辅助。

城镇乡村各户凡有家藏各种枪支，经查验、烙印、编号、造册、给照后，"务宜慎重保守，倘遇意外变故遗落，或因贫出售，或新自置买，均须随时禀报县公署"，"倘敢隐匿不报，一经查出或被告发，即按私藏军火例治罪"。平时团丁不准持枪嬉戏，违者重责，但"教练梭巡时不在此列"。平时则不准擅装子弹更不得无故放枪，"其因缉匪消耗子弹数目，应即随时报明缴验铜壳，团总、保董等宜时时告诫，倘查出有违章放枪者，惟团总、保董、团目是问"。

各团如能戈获著名或悬赏缉拿之巨匪，及登时捕获之抢劫盗贼，或团内岁无匪徒踪迹者，由监督分别褒奖；其成绩卓著者，请呈尹宪核奖。"团丁闻警合捕被贼致伤，得禀请监督酌量筹给医药之费，其因伤致命，由监督据情呈请从优给恤"。

县知事"遵照保卫团条例，为监督遴委公正干员，筹商办理，并派勤劳人员分往各区巡视抽查，如有搪塞敷衍、并不认真办理者，一经查出即传案惩罚"。各团在事人等闻警畏避不到，立即开会相当议罚，如在团服务人等确有要事，须先致团所声明，以免误会。团内发生抢劫重案，事前疏于防范，临时又未能认真捕拿者，必团目、团丁平日懒惰，应请监督量予惩罚，但不得挟嫌诬指，"致干查究"。

可以说，这些细则对保卫团在基层社会治理中的形象勾勒，与南京中央国民政府的制度设计之间，有一定距离。

1931年4月，南京国民政府修正公布《县保卫团法》，同年11月，河北省民政厅拟定《河北省县保卫团法施行细则》，分别对保卫团的改组做出详细规定。但从《顺义县志》所载来看，其保卫团虽在1932年有所调整，如：下设1个大队、3个小队，小队下再设分班，各镇由商会出资雇佣团丁保卫街市，人数从十数人到二三十人不等；各村庄组成联庄会，"遇有警号，三五村，十数村互相救援。"① 但显然，这样的调整并不是来自南京国民政府、河北省民政厅的设计。至于其实际运行情况，从顺义县档案馆馆藏的一份资料中，可见该细则发布后各区保卫团的收支情况。见下表②。

---

① 顺义县地方志编纂委员会：《顺义县志》，北京出版社，2009年，第561页。
② "顺义县第三、七区保卫团月份经费支出四柱清册（1932年）"，顺义县档案馆馆藏，档案号：3-1-520。

### 1932年顺义县第三、七两区保卫团收支情形略表（单位：洋元）

| | 第三区 1932 年 9 月 | 第七区 1932 年秋季（9—11 月） |
|---|---|---|
| 收入 | 旧管上月公费结亏 2.55 元，新收经费 118 元。 | 旧管原亏 5.86 元；新收经费 294 元。 |
| 支出 | 薪饷支出 106 元：副团长 18 元，2 名班长 16 元，12 名团丁 72 元。<br>办公经费支出 13.62 元：买大版纸 0.5 元、买铁笊篱 0.2 元、灯罩 0.15 元、铁水筒 0.1 元、洋灯 0.06 元、圆煤 3 元，马勺 0.04 元、洋火 0.2 元、茶叶 0.4 元、茶叶筒 0.25 元、煤油一筒 5.25 元、圆煤 1 元、筷子 0.4 元、火筷子 0.14 元、铁锹 1 元、其他 0.93 元。<br>共支出 118.69 元。（注：次数为笔者计算所得，资料所给数字为：共计支出 119.62，结亏 4.17） | 薪饷支出 264 元：副团长 54 元，2 名班长 48 元，9 名团丁 162 元。<br>办公经费支出 15.697 元：买冷布 0.095 元、茶叶 0.96 元、笔 0.165 元、赴县旅费 0.55 元、茶盅 0.5 元、赴县旅费 0.8 元、修表 0.5 元、煤炭 3.1 元、笔 0.5 元、赴县旅费 1.5 元、会哨费 0.8 元、煤油一桶 5.3 元、修表 0.25 元、墨汁 0.2 元、笤帚 0.177 元、浆 0.3 元。<br>共支出：279.697 元。 |
| 共计 | 结亏 3.24 元（含上月结亏数在内）。 | 结余 8.443 元。 |

从几份 1935 年顺义县档案材料中可见，此时各区保卫团因经费问题开始出现运行困难的局面。如，1935 年 1 月 9 日，河

北省保卫团第三区督练处公函致顺义县政府，称其所属11县区团董联合办公处申诉，所有本年一、二、三3个月公杂等费洋18元，已届请领之。是年7月18日，顺义县区团董联合办公处致呈县长称，"本县各村应摊秋季团款已至征收之期，除第一区军营村等五村业已交清外，其余多有拖欠"。同时，县科署第二科科长王沛霖亦呈报县长，"本县各村镇应缴纳之保卫团款截至1935年夏季拖欠尚多"。县科署第二科在致县长的公函中提道：本县保卫团款由各村分季摊交，但至1936年团款征收之期时，1935年团款"仍多拖欠"。同年10月16日，县科署第二科再次呈报县长，"冬季团款拖欠尚多"。① 1936年1月12日，保卫团总部再致函顺义县政府，请发放所欠上年12月份及本年1月份的团丁薪饷。呈函称：

> 本团部员丁薪饷仅发至1935年11月，其12月薪饷至今未发，现旧历年关在近，各团丁望籴粮以养眷属。时当昼夜防匪之际，团丁缺饷，实不相宜。②

---

① "区团董联合办公处月份公杂费签呈具领"，顺义档案馆馆藏，档案号：3-1-914。

② "保卫团呈请早发月饷（1935年1月-1936年1月）"，顺义档案馆馆藏，档案号：3-1-909。

从现有能见档案等史料看，顺义县保卫团解散的具体时间不详。但从相关资料可以推见：顺义保卫团大概结束于 1936 年前后。首先，从上述其经济基础摇晃的情况可以预见，其能持续正作用于地方社会治理的时间不会太长。再者，1935 年 11 月，南京国民政府行政部提出，必须调整与保甲有关之各种法规制度，内政部通令全国各地取消县保卫团，代之以保甲编组壮丁队，以保安团为警备地方的常备武力。由此，保卫团失去了存在的合法性。再加上，汉奸殷汝耕在是年底召开"冀东防共自治委员会"成立大会后不久，又宣布将"冀东防共自治委员会"改组为"冀东防共自治政府"。如此一来，包括顺义县在内的冀东 22 县沦陷，其各种基层社会组织也由此发生新的走向，顺义县境内的各区保卫团也迅速随其分化而结束了它的一段历史。

综上所述，顺义地方保卫团在清末已出现萌芽，后因北洋政府的政令而以"正名"而始现于民国初年。但其真正兴起并与基层社会治理产生关联，是在 20 世纪 20 年代。国民政府时期，国家进一步强化基层政权建设，欲将保卫团等地方武装纳入官方在基层社会的治理体系。1935 年前后，随时局的变化和顺义县保卫团出现经费问题而基本结束了其存在的历史。纵观档案等史料中所见的顺义县保卫团兴衰，可知其中有国家社会治理措施使然，但更多的还是取决于民间自我治理的需求。在实际运行中，顺义保卫团地方色彩浓厚，并在地方社会治理中发挥了一定作用。

## 附：《顺义县地方保卫团办事细则》(1930 年)[①]

第一条　地方保卫团以县属各区村庄联络一气，互相援应，防遏匪盗，保护善良为宗旨。

第二条　本知事遵照保卫团条例，为监督遴委公正干员，筹商办理，并派勤劳人员分往各区巡视抽查，如有搪塞敷衍、并不认真办理者，一经查出即传案惩罚。

第三条　各团远近不一，监督视听难周，各区董有辅助地方行政之义务，对于各团负随时稽查报告之责。

第四条　各区团总秉承监督、命令、考察团内保董、甲长、牌长、团目、团丁勤惰功过，稽查各村长佐支销虚实，各团无论巨细，一切要事准由各团总陈清监督核办，不准私行了结。

第五条　县属十一区于各区内平日和同办事，村庄不论村之多寡，在相离五六里内作为一团，公举团总一人，遵照保卫团条例，十户为一牌，十牌为一甲，五甲为一保编制之。

第六条　保卫团组织以团丁为根本，除家无次丁及未成年暨老弱残废不令服务外，其余各户由团总秉公抽派各团丁，

---

[①] 顺义县档案馆馆藏，档案号：3-1-213。

经派定后不得无故推诿，致干传究。

第七条　各团大村设团丁八十名，中村设团丁六十名，小村设团丁四十名。村如再小，以数村合一村协力办理。团丁平日须轮班查道支，更择团丁中有防务经验、勇于干事者一人，提充团目，约束团丁，教练技艺，但农忙时得暂停教练。

第八条　各村抽调精壮者若干人，由团总汇集教练打靶操演，为编练团丁制。

第九条　各团如枪支不敷，得备置各种器械临时辅助。寻常不准团丁持枪嬉戏，违者重责。惟教练梭巡时不在此列。

第十条　各团公文由监督遵章刊发木质图记，以昭信守。此外不得滥行钤用，团中应雇书记专司文牍册报及团役，每月薪工由本团各村酌量公摊，无力小村或二三村合并办理。

第十一条　保卫团团费应归各村自行担负，每月开支若干各村长佐会同保董张贴清单，以昭大信，并造具支付清册，由团总汇呈县公署核销。

第十二条　凡村小户稀无力自卫，只可数村合办，或所聚数村又实在无力举办，许监督委员查勘属实，指移邻村余款酌量辅助办理，庶几一气呵成，以期完善。

第十三条　各团户口遇有迁移、婚嫁、出生、死亡等事，各村长佐须随时查明报由团总,呈请在户册更正。

第十四条 户口既经清查,册籍自有稽考,团内各户如有窝藏匪类或寄顿枪支赃物及无业游民等,各团总、保董、甲长、牌长等均应特别注意,随时查察捕送监督训办。

第十五条 团丁以十二名为一班,昼夜轮流下道巡察,遇有身藏无烙印枪支者应即盘诘,随时报名团总,解送监督审办,不准私刑拷打,致干严究。

第十六条 城镇乡村各户凡有家藏各种枪支,经此次查验烙印编号造册给照后,务宜慎重保守,倘遇意外变故遗落,或因贫出售,或新自置买,均须随时禀报县公署,烙印给照,倘敢隐匿不报,一经查出或被告发,即按私藏军火例治罪。

第十七条 团所择各团适中地点,之旧有寺观或公所为保卫团分所,夜间由团目率领团丁分班守望,轮流梭巡,倘遇有匪警入村,审明后即放双响纸炮为号,奋勇兜拿,邻村闻声往救,不得迟延畏葸,致干议罚。惟嗣后民间婚丧、喜庆、岁时,概不准用此双响纸炮,以示区别,而肃团章。

第十八条 各团总等闻警立刻到所鸣锣,召集各团兜捕,除贼匪拒捕应有正当防卫外,擒获之匪,随时解送监督讯办，不准私刑拷打。

第十九条　各团丁一闻警声，立将团总铃盖图记白竹布徽章挂置胸前为号，庶与贼匪可以分别，如懒惰不挂，倘被本团击伤作误伤论，各团丁切记勿忘。

第二十条　盗匪扰境，团丁持枪得装子弹以资防御，平时不准擅装更不得无故放枪，其因缉匪消耗子弹数目，应即随时报明缴验铜壳，团总、保董等宜时时告诫，倘查出有违章放枪者，惟团总、保董、团目是问。

第二十一条　各团如能戈获著名或悬赏缉拿之巨匪，及登时捕获之抢劫盗贼，或团内岁无匪徒踪迹者，由监督分别褒奖；其成绩卓著者，请呈尹宪核奖。

第二十二条　团丁闻警合捕被贼致伤，得禀请监督酌量筹给医药之费，其因伤致命，由监督据情呈请从优给恤。

第二十三条　各团在事人等闻警畏避不到，立即开会相当议罚，如在团服务人等确有要事，须先致团所声明，以免误会。

第二十四条　团内发生抢劫重案，事前疏于防范，临时又未能认真捕拿者，必团目、团丁平日懒惰，应请监督量予惩罚，惟不得挟嫌诬指，致干查究。

第二十五条　本细则未尽事宜，得随时酌量修改。

第二十六条　本细则自呈准公布日施行。

# 近代民间治理中的地方保卫团
## ——以 20 世纪前期北京及周边为中心的考察

保卫团是 20 世纪前期活跃于基础社会的一种地方武装。在北京政府的《地方保卫团条例》和南京国民政府的《县保卫团法》的制度设计中，它与民间治理关系密切；在实际的运行中，各地方保卫团也通过不一的表现对各地方的社会治理产生着不同的影响。学术界对保卫团的正面系统研究成果不多，近几年有出现在一些硕博士论文中，从地域上看主要涉及河北、上海、山西、河南、绥远、山东、云南等地。①

20世纪前期的北京及周边地区在建制上经历了从天子脚下到特别市、河北省辖的变化,这一特殊地域内的保卫团在近代民间治理中的表现既有特殊性又有一定的代表性。本文试通过纵观北京及周边地方保卫团兴亡沿革及其与地方社会治理的关

---

① 学界对保卫团的已有研究主要集中在以下几个方面:(一)制度史著述对保卫团相关条例的关注,如闻钧天的《中国保甲制度》(上海商务印书馆,1935年),程懋型的《现行保安制度》(中华书局,1936年),等等。(二)一些现代方志和党史资料中对保卫团有零星提及,这些资料多是简单冠之以"反动地主武装"等定语。(三)近三十年来,一些中国近代政治史、社会史论著对保卫团问题的论述,如从翰香的《近代冀鲁豫乡村》(中国社会科学出版社,1995年),乔志强主编的《近代华北农村社会变迁》(人民出版社,1998年),韩延龙、苏亦工的《中国近代警察史》(社会科学文献出版社,2000年),郑起东的《转型期的华北农村社会》(上海书店出版社,2004年),魏光奇的《官治与自治——20世纪上半期的中国县制》(商务印书馆,2004年),等等。近年有一些硕博士论文对保卫团进行专题论述,或就一些地方社会治理进行专题论述时涉及该地保卫团,除拙作首都师范大学2007年博士学位论文与在此基础上2016年天津古籍出版社出版的《河北省保卫团研究(1901—1937)》外,还有如靳菁的《上海保卫团研究》(上海师范大学,2016年),安若玲的《民国时期绥远地区所属县保卫团问题研究(1916—1937)》(内蒙古大学,2018年),刘阳的《云南地方保卫团队研究(1929—1945)》(云南师范大学,2020年),等等。另有些期刊论文,如邓群刚的《抗战前十年河北省地方保卫团探析》(《兰台世界》2013年第7期),张建辉的《抗日战争时期的河南省获嘉县保卫团》(《兰台世界》2015年第34期),谢贵平的《近代山东民团研究(1911—1930)》(《中国社会历史评论》2008年增刊),孙承会的《1910年代河南治安组织的成立和性格》(《社会科学研究》2007年第5期),白华山的《民间武装与地方秩序——上海保卫团研究(1924—1946)》(上海社科院出版社,2017年),等等。

系,探讨近代民间治理中的纷繁复杂,一并窥视近代北京及周边地方社会。

## 一、北京及周边地方保卫团的萌生与"自由"发展

北京及周边地方保卫团萌生于20世纪初。在这一阶段中,保卫团在地方自我管理、维持社会秩序,和国家加强民间治理的努力中,获得了合法存在的正当名号。但从其自身发展来看,这一时期的北京及周边地方保卫团基本属于"官治"监督下的地方"自治"武装,处于自由发展状态,普遍性不强,势力、规模较小。

清末的北京及周边地区因属京畿重地、首善之区,警力相对较优,故虽有因列强入侵和太平军、捻军起事等而受到一些冲击,但社会治安尚在官方能控制范围之内。[①] 庚子之变后,北京及周边地方社会治理问题也遇到了前所未有的困境。加上新政裁撤绿营、保甲,而"嗣警察力有未逮","势不得不借助于

---

① 吕书额:《清末京畿社会治安问题浅析》,《北京社会科学》2011年第5期。

团勇"①,地方自治思潮再度盛行。1911年9月,顺直谘议局通饬各属创办乡团,"以靖地方",旋又令改乡团为保卫社。入民国后,北洋军阀势力迅速控制了全国大部地区,袁世凯在加强个人集权的同时发布命令取消各级地方自治,开始强化国家对基层社会的治理与控制。

1914年5月,袁世凯政府颁行《地方保卫团条例》(以下简称《条例》)。②《条例》提出:凡各县未设警察地方,得设立保卫团;各县知事按条例将原有之乡团、保甲进行"切实整理",改编为保卫团;各省得就本条例所定大纲,参合各该地方情形,拟具施行细则,呈报内务部备案。同年8月,袁世凯再次令各将军、巡按使、都统晓谕商民,共筹保卫闾阎,认真办理原有民团、商团。③并在《县警察所官制》头条规定:各县若无设警察所之必要时,"得以保卫团代之"。④当时的北京及周边地区已非"未设警察地方",也不存在"无设警察所之必要",但我们还是可以在民国《涿县志》中看到:清末,涿县曾

---

① 彭作桢等修:民国《完县新志》卷四《行政志下》,1934年。
② 蔡鸿源主编:《民国法规集成》第13册,合肥黄山书社,1999年,第258—261页。以下关于1914年《地方保卫团条例》各引文,均出自此。
③ 李新总编,韩信夫、姜克夫主编:《中华民国大事记》第一册,中国文史出版社,1997年,第339页。
④ 戴鸿映:《旧中国治安法规选编》,群众出版社,1985年,第65页。

"遵令"将原有保甲局改为保卫社；民国初年，该县又"奉令"将保卫社改为保卫团。① 次年4月，在接到福建巡按使呈拟的《福建省保卫团施行细则》后，袁世凯批令"先协力由京兆试办"。②

如果说一系列政令、法规的相继推行凸显了中央政府对地方社会问题的关注，那么袁对京兆保卫团的格外"重视"，显然是因其对近距离的各种地方武装有着更强烈的提防心理与控制欲望。但在接下来的几年里，因袁亡与继而的政局变幻，上述政令没有得到完全贯彻，各地保卫团事项没有如政府要求般顺利进行。借设立保卫团来加强民间治理的想法此时没能真正实现，北洋政府的相关法规条例只不过为之后出现的地方武装提供了一个统一的、合法的名号。

1919年初，距推行《地方保卫团条例》四年多之后，京兆尹向内务部呈交仿《福建省保卫团施行细则》所拟的《京兆地方保卫团施行细则》③（简称《细则》）。《细则》称"京兆地方虽经次第推行，办理亦未能一致"，故"特遵照（前）保卫团条例拟定施行细则四十三条，令行所属限期一律举办"。但同时，又在"总则"部分称京兆地方保卫团与各该地方警察及现

---

① 宋大章等修，周存陪等纂：民国《涿县志》第四编，1936年铅印本，成文出版社，1968年影印。
② 《政府公报》第1084期。
③ 同上。

驻该处警备队之间是"互相协助之义务";如保卫团执行职务时有与军警相关联事项,"由总监督(县知事)会商各军警长官办理,但调动军队在一日以上者须报明京兆尹核查"。随后,《细则》对京兆各县区应建保卫团的编制、职权、奖惩、经费等做出规定。相对而言,该《细则》比《地方保卫团条例》更加详尽,也更具地方色彩。《细则》规定:

> 各县总监督办理保卫团。应于县治所在地设立保卫团公所,遴派地方绅董协筹办理。各团各保办公地点就各该团保区域内适中地点,设置甲长牌长即就甲长牌长所居之地为办公地点。
> 各县依地方习惯依自治区为区。区设一团,其区域广者得设二团。但每团户口须在二保以上。
> 保卫团团总必须具备居住该地连续二年以上、年满三十岁、财产三千元以上,及中学以上学校毕业或具有中学同等学力,或曾任官吏办理行政司法事务一年以上,或办理地方公益三年以上,和品行端正、声望素著等资格。
> 团丁分为编练团丁和守望团丁两种。其中,编练团丁于青幛冬防时应联合军警暨他团随时会哨,遇有必要时遵京兆尹之调遣;守望团丁定期调集,尤其是冬季实行教练,并更番下道巡夜。

各团得受长官正式委任办理补助司法行政事务。

各保卫团所需经费于各该县地方款内开支,列入预算、决算。但每月至多不得超过三十元。以青苗会费、募款及罚锾为收入;以团总、保董办公处经费和制服费为支出款项。

各团团总均为义务职,不支薪;编练团丁受调遣时由公家备其粮秣,作战时由本村供给,其余寻常训练、校阅期间由各团丁自行携带食粮。

各保卫团所需器械,先尽各户原有器械备用,如因事实之必要添置枪支时,须由总监督呈由京兆尹核准。

从现有资料来看,《京兆地方保卫团施行细则》的公布并没有实际改变北京及周边地方保卫团的设立情况。

保卫团在北京及周边地方的真正兴起,是在1920年直皖战争后。那是源自地方社会强化自我管理的需要,是社会动荡时期国家无法提供足够安全保障时发出的"自治"诉求。这一点,民国地方志的相关记载和现存顺义保卫团档案,更能说明问题。

据民国《顺义县志》卷二"建制"载,1914年县长汤啸秋莅顺后"第一政策在设保卫团",全境分设三十二团,"团有总,每团分二保或三保,保有董,团有丁壮二十名。"在同著卷十六

"杂事记"也有称:"民国四年,全县组成保卫团,每区一团。"① 而现存于顺义区档案馆的地方保卫团档案资料显示②:顺义县十一个区的32个保卫分团(含一商团)最早成立于1921年2月,最晚是1928年8月;各区保卫团团丁人数最多相差三倍,且有的设有团总无职员,有的有职员无团总;有的保卫团能够人手一枪,有的没有任何枪械;经费来源虽基本都由各属村公摊,且表面看来收支相抵,但其数额有较大差别,多者达960元,少者仅有154元。

如果地方志关于保卫团一再提及,是该地确有设立保卫团之举,其关于保卫团"整齐"编制的记述应该是照北洋政府的法律规定,顺义保卫团"应该如此"。而档案记录中各区情形不一的顺义保卫团,才是其在历史上的实际状态:组建或解散,此时主要由地方自行决定。民国时期的一些社会调查资料也在一定程度上证明了这一点。如:

> 平谷县1920年因"匪氛猖獗","始有乡团组织,以示自卫"。③

---

① 民国《顺义县志》卷二《建制》。
② "河北省顺义县保卫团调查表"(1929年3月1日),顺义区档案馆馆藏档案,档案号:3-1-86。
③ 李兴焯:《平谷县二年来之回顾》,《河北月刊》1935年第11期。

1920年代初，定县因战事频仍，溃勇逃兵各方滋扰，流氓土匪趁势层兴，抢劫架掳之事日有所闻，人心惶惶，闾里骚然。然"以缺乏军事训练之警士，挟锈塞难用之枪械，弹药既亏，人心益怯，势难与悍匪相抗衡。"① "民知其不可恃也，而相与为自卫之谋"。为捍卫地方，百姓"或自动出资或按户摊款，购械招丁，成立地方保卫团"，"遴荐本县之熟谙军事者，呈请县长委令统率，择要布防，专事缉捕"。②

1922年，元氏县因"近来时局纠纷，干戈未息，萑苻遍地，乘机滋扰，于是警察之外又设有保卫团，巡逻会哨，周而复始，藉资捍卫"。保卫团所有团丁由各村村正副按户拨派丁加以训练。③

1926年10月，大城县以"地方空虚"组织成立保卫团。④

赞皇县曾一度举办保卫团，后因"加重人民负担"而

---

① 贾恩绂等纂修：民国《定县志》卷八《政典志·新政篇·公安》，1934年刊本，成文出版社，1968年影印。

② 燕冠卿编：《河北省定县地方保卫团始末汇编》，1937年线装铅印本。

③ 李林奎、王自尊纂修：民国《元氏县志》，1931铅印本，成文出版社，1976年影印。

④ 《视察员视察各县吏治情形、民生状况、各地方状况之意见》，《视察特刊》(1928年11月) 第1号。

解散。①

安次县大北隐村保卫团每年青纱帐起后开始"值班",但当大秋一到,村中无抢案时就又解散了。②

宛平县清河镇地方保卫团只于冬季暂时设立四个月。③

有的地方志等文献中也提到了这一点。如:1927年,新城县因"近年邑中匪患甚巨",官绅议组保卫团。④

总之,20世纪初,北京及周边地区的保卫团系因地方自卫之需而起,后因北洋政府颁行的《地方保卫团条例》等而相对于之前名目不一的各色地方武装拥有了统一、正当的名号,及公开存在的法律依据。它既属地方社会"自治"的自卫武装团体,也是国家加强民间治理时极为关注的对象。但其设立与否主要由地方社会治安情势而定,国家政令对其影响不大,在官方的一些法规、条令之下,其仍呈自由态势或隐或现于基层社会。这与保卫团的地方武装本性,及这一时期的政局变幻莫测、

---

① 《视察员视察各县吏治情形、民生状况、各地方状况之意见》,《视察特刊》(1928年11月)第1号。

② 田德一:《一个农村组织之研究——家族及村治》,载燕京大学社会学系编辑《社会学界》(1934年)第八卷。

③ 许士廉:《一个市镇的调查尝试》,《社会学界》(1931年)第五卷。

④ 侯安澜等修,王树枏纂:民国《新城县志》卷五,1935年铅印本,成文出版社影印,1968年。

北京及周边地方仍属天子脚下的"首善之区"等，都有关系。

## 二、保卫团在北京及周边地方的全面兴起与迅速分化、衰亡

京及周边地方保卫团的全面兴起于1930年前后。此时的北京及周边地区虽经历了由"天子脚下"到非"首善之区"的变化，其建制、名称也几度更换，但人们对这里的关注没有因此而减弱。而且，北洋政府借保卫团事项加强民间治理的成败，也为南京国民政府提供了经验教训。故，这一阶段的北京及周边地方保卫团或从无到有的设立，或经过改组，普遍存在于各县、区（乡）甚至村，其实力、规模也较以前有所增强。

北伐战争之前，北京及周边地区经历了两场直奉战争，之后又有中原大战。连年的战争和政局变幻带来社会的急剧动荡，治安问题迭起，各地土匪普遍化。北平南部4县（通县、大兴、安次、武清）匪徒截获奉军军火，使平南一带的土匪更加猖獗，其打家劫舍，杀人越货，致使"农辍于田，工商怯于路"。据呈报，1927年，蓟县因匪警迭起，日以数百计的乡镇人民扶老携幼，畏匪至城避难，城内房屋为之挤满；1929年一个月间，永清县即发生盗匪重案7起，被枪杀5人，被掳2人，并放火烧毁

房屋若干。① 组织武装御匪自卫，此时成为官民共同的需要和诉求。

1928年12月24日依据《北平特别市筹备自治暂行条例》第八条第三款府令公布《村保卫团暂行章程》②，再就保卫团事项做出详细规定。如《章程》提出：

> 保卫团应办事项为稽查匪类、捕拿盗贼、弹压地面。
> 团总由各村村长兼充，团副由副村长或闾长推充。
> 保卫团团丁分募补（有给职）和征派（无给职），团丁人数由本村民会议议定。
> 凡遇本村有盗匪时，团总副应即通知军警，并督同团丁协捕。如遇邻村有警时，应即招集团丁前往助协。
> 保卫团如自行查获盗匪，应立即解送附近区署，不得擅押私讯。
> 团总副、团丁之服装由北平特别市筹备自治办事处规定式样，令各村自制。
> 团丁操练由各团酌量情形自定。

---

① 河北省地方志编纂委员会编：《河北省志》第62卷《政府志》，人民出版社，2000年，第173页。

② 《北平特别市市政法规汇编》（下）《自治篇》，北京市档案馆馆藏档案，档案号：ZQ5-3-1491。

团总副均系无给职。

保卫团所需经费及雇佣团丁之薪饷由村民担任,但自愿充当团丁者,其应摊村内各公费得酌予核减。

在此基础上,北平特别市政府又分别于1930年5月、1932年6月推出了《北平市政府修正四郊自治区保卫团组织暂行章程》①和《北平市四郊自治区保卫团组织章程》②。较之前者,后两个章程在保卫团的地方自治色彩上涂抹得更加浓厚。如1930年《北平市政府修正四郊自治区保卫团组织暂行章程》规定:

区保卫团事务总于区公所,由常务委员会主席指挥办理。区常务委员及街、村、闾、邻自治人员关于区保卫团事务对常务委员会主席居服从、赞助地位。

区保卫团团丁分区团丁和街、村团丁两种。其中,区团丁任本区警卫及差办公务之现役,团丁人数及其募充或

---

① 北平特别市公安局训令第610号令第三科"市政府令十二年十二月二十四日公布之村保卫团暂行章程应即废止"。北京市档案馆馆藏档案,档案号:J181-020-03184。另参见《北平特别市市政公报》1930年第47期,《北平特别市市政公报》1930年第48期。

② 北京市档案馆馆藏档案,档案号:J002-007-01202、J181-017-00010。

由街村公民轮值，具体方法由区务会议定。街村团丁由街村居民每户出丁充当，任务为本区定期警卫训练、本街村临时公务差办和非常警卫时的全体动员。区团丁册由区公所录报筹备自治委员会。

区团丁受区公所之命令。街村团丁受本间邻长及街村公所并街村公所所转行区公所之命令。

团丁设队、班等编制。区常设之。街村于施训练期临时设之。街村团丁出任警卫时，以最近训练期之编制为其编制。

区保卫团所办警卫事宜受公安局之监督、指导行之。遇必要时，应协助公安局。其因警卫而缉获盗匪时，并应即送公安局讯办。

区保卫团之训练及请领枪械事宜由筹备自治委员会商请公安局核办。

区保卫团之服装、旗帜、徽识及团丁之奖惩抚恤由筹备自治委员会定其细则，通知公安局备案。

区保卫团经费属于区者，经区务会议，属于街村者经街村务会议，承筹备自治委员会之者，核指示筹集支办。

1932年6月的《北平市四郊自治区保卫团组织章程》除补充提道：各自治区保卫团分驻各坊，受区公所之命令及坊公所之指挥,并由公安局该管警察区署派员训练,遇必要时得由区公所临时召集,训练办法由公安局订定呈报市政府核准外,更是直接指出"保卫团专司本区坊。平时警卫访护青苗及差办公务,并受公安局该管警察区署之监督、指挥,遇必要时应协助警察"。而在其实际运行中我们也看到了保卫团除围捕盗匪外,甚至保护工务、服务于地方的一面。

1936年春,永定河中上游工程处致函请宛平县政府称:

> 本处办理永定河中游增固工程,现时即将施工,为预策驻在工地人员之安全暨工程进展之顺利起见,拟向贵县政府借调保卫团(丁)十名。二名驻卢沟桥,于本月十五日到达;其余八名分驻沿河各段,于四月一日到达。所有调用团丁每名由处按月津贴伙食费六元。①

对此,该县保卫团副总团长赵光玺(对县政府)一方面称:

> 保卫团之职责除缉捕盗匪、保护地方外,一律不准服

---

① "永定河中上游工程处函请宛平、良乡等县政府调派保卫团丁驻工保护的呈、函及河北省建设厅的指令",本段及以下几段引文均见于北京档案馆馆藏档案,档案号:J007-002-00149。

冲杂役，早有省令规定。但同时又表示"该工程处专以借团保护，自应照办，以尽职责。"只不过惟以借调十名，分驻沿河各处一节，未免人单势孤，不但不能保护工地人员之安全，而且恐反增意外之危险。如能将团丁十名驻在一处，派由一名班长统率，沿河各段，巡行保护，似属可行。

故此，宛平县政府很快回复永定河中上游工程处称，已准"嘱派保卫团（丁）十名，用护工务。"由班长蒋庆云带团丁九名"持函前往贵处服务"。同时也照保卫团副团长所提，请工程处安排这些团丁"沿河巡行保护，每晚集合一处，以免势单"，"派在一地服务，勿予分调"，"以免势单而防意外"。

因前有此例，故同年9月，永定河中上游工程处再次提出"借调"保卫团驻守保护。只不过，此次是直接向河北省建设厅致函称，希望"厅令饬沿河各县政府酌派保卫团驻段保护帮助守护"，以保证"所有河程施工地点之保卫事宜"。且因为"此次施工地点完全在良乡、涿县两县境内"，所以应由"两县政府共调保卫团（丁）二十六名于十月一日到金门闸南衙门听候分配"，"以资保护，而利进行"。对于所"借调"的团丁，该工程处提出将"每人按月由本处津贴伙食费三元"。对此，建设厅厅长王景儒认为："核属可行"，并随后"令饬两县政府遵照办理"。

地方保卫团被派至工地保护工务的顺利进行，虽在一定程度上可以说明这一武装组织的能力得到了地方上的认可,但从现有资料来看,保卫团服杂役的情况在其他地方还是比较少见的,可谓北京及周边地方保卫团的特色。

当然,北京及周边地方保卫团在奉上述章程进行改组或新设的同时,相关工作亦受南京中央政府或河北省政府的一定影响。

1929年1月,河北省政府在全省范围内颁行《河北省各县地方保卫团条例》十六条,令"本省各县应设立保卫团,依本条例之规定组织之"。同年7月,南京国民政府颁布《县保卫团法》,对各地方保卫团的编制、训练、任务、奖惩、经费等,做出详细规定。[①] 12月,河北省政府通令各县废止以前颁布之《各县地方保卫团组织条例》,照《县保卫团法》改组地方保卫团。

在地方维护秩序的迫切需要下,在南京中央政府、北平市政府(河北省政府)的一系列法规条例的督促与"规范"下,到1935年前,北京及周边地方普遍设有或改组保卫团,地方保卫团至少在表面上被逐渐由民间驱入国家控制体系,完成了地方保卫团在制度层面的确立与转换。

---

① 戴鸿映编:《旧中国治安法规选编》,北京群众出版社,1985年,第208—212页。

改组后,有些地方保卫团的实力也较之前有了很大提高。如霸县保卫团创自1915年,1930年春再经改组成立。"成立之始,原设一个总团及七个分团,总团设于县政府,指挥全县保卫团办理清乡剿匪各事宜,分团驻防各要隘,分路游击"。1932年冬,该县保卫团又"遵章将各分团改编为总团之各分队,将团正名称改为分队长",但"实际员额、饷章、办法、经费等项均无变更"。后又"遵章设总团长一员,由县长兼任,副总团长一员由公安局长兼任"。改编后的霸县保卫团无论是编制上还是实力上都有所增加:总团本部设总教练一员,特务队长一员,书记长一员,步马炮班长、团丁、号兵、伙夫若干;每分队设分队长、书记各一员,班长、团丁、号兵、伙夫若干名;总团各队除书记及伙夫外,每一官长、班长、号兵、伙夫各有匣枪一枝,步马炮团丁各有步枪或马枪一枝。同时,"每一编乡各设乡保卫团。其按户多寡派拨壮丁轮流守望者,名为守望乡团。其系采用招募雇佣者,则名为常备乡团。均由各乡长副以兼任正副甲长之资格督率办理。"①

至于实际操作中北京及周边各地方保卫团的具体情况不一,主要与其地方社会的治安情形、基层与政府的实力等因素有关。如:据1929年7月河北省民政厅派出视察人员报告,昌平、顺

---

① 《霸县新志》卷三《行政》。

义、密云、怀柔、房山等地方保卫团都"尚未遵章成立"。① 昌平县卢家村的保卫团团丁实即青夫，村内甲长指挥着四个由青夫所兼的保卫团（团丁），而实际上只有青头是名义上的保卫团丁，此甲长也就是青苗会会头。涿县保卫团在各区虽早经成立，但枪支缺乏，自1928年6月10日县长柳鸿漠到任后，即召集各区董组织保卫队，并咨邻封各县举办联防，定期会哨，以资援助。同时，又商请良乡驻军拨队择地驻防，以资震慑。② 宛平县保卫团团佐等职员六十人，团丁二百七十四人，"均由县长监督，由各区地方人员办理"。③ 1931年，房山县将保卫团总部设于县政府内，县长兼总团长，对地方团务进行直接指挥。④

但如相较于20世纪初年，20年代末30年代初的北京及周边地方保卫团，终在除继续发挥地方社会在社会秩序方面的自我管理与维护，保留"自治"的性质外，开始被涂抹上"官治"的色彩。其发展态势上既受各级官方政府的影响，也仍难以摆脱地方武装的本性。而且，因这一时期的北京及周边地区

---

① 河北省民政厅编印：《视察特刊》第2号。
② 《视察员视察各县吏治情形、民生状况、各地方状况之报告》，《视察特刊》（1928年11月）第1号。
③ 河北省民政厅编印：《视察特刊》（1929年7月）第2号。
④ 北京市房山区志编纂委员会：《北京市房山区志》，北京出版社，1999年，第476页。

先后处于冯玉祥西北军、晋系阎锡山、宋哲元二十九军等势力掌控之下，不完全受南京中央政府的左右，从而具有了多重军政势力的"官治"烙印，并呈现出与直接处于南京国民政府控制之下的江西民团，和几乎完全不受南京掌控的广西、贵州保卫团的不同。

长城抗战失败尤其是华北事变后，日军侵华加剧。1935年11月，南京国民政府根据形势变化决定调整与保甲有关的各种法规制度，通令全国各地取消保卫团，代之以保甲编组壮丁队，以保安团为警备地方的常备武力。此时，北京及周边地方的保卫团表现不一，开始出现分化。如长城抗战爆发后，平谷县保卫团有团丁两千余人为某驻军部队做向导，助其与日军交战。据称，两者的此次"合作""甚为得手"。[1] 1936年，房山县县长蒋善国向省府提出，把房山县警团合二为一，由原保卫团分队长加委兼任区公安局局长，在事实上形成保卫团对警察的吞并。[2] 1935年7月，顺义县区团董联合办公处致呈县长称，本县

---

[1] 仰天：《复政一年来之平谷县》（平谷县通讯），《众志月刊》（1934年7月）第1卷第4期。

[2] 蒋善国：《对于房山县政之改进意见》，《河北月刊》（1935年11月）第3卷第11期。

各村镇应缴纳之保卫团款"拖欠尚多",难以为继。① 宛平县保卫团既有前述被县政府、省建设厅派去工地保护工务顺利进行的事情发生,也有冀察政务委员调查发现"奉令改为保安队"之举②。

卢沟桥事变后,随着平津的沦陷,北京及周边地区的各种地方武装也很快被融进时代的洪流中,也由此基本结束了国家给予的"保卫团"之称的历史。

## 三、 北京及周边地方保卫团的历史角色

因为地方武装在近代历史的普遍影响和北京及周边地区在位置上的特殊,这里的保卫团在20世纪前期的活跃也因此而具有了特殊性和代表性。在纵观上述北京及周边地方保卫团的兴衰沿革后,继续探讨其历史角色的扮演,才能对相关历史现象、历史问题有更深刻的认识。

从其滥觞之源看,保卫团是应地方自卫之需,是国家无力

---

① "区团董联合办公处月份公杂费签呈具领",顺义档案馆馆藏,档案号:3-1-914。

② 地方事情调查资料第3号《河北省宛平县事情》,"民国新民会指导部",1939年,第99—100页。

及时提供有效安全保障时的产物。从中央官方政府的设计来看，保卫团的主要职责是协助警察清查户口、围捕盗匪。北平特别市政府虽曾提出保卫团应接受公办差务的章程，但总之，其应是民间治理中的利器。

在实际运行中，有些北京及周边的地方保卫团为维护地方秩序发挥了一定作用，是民间治理的有效典范。如：

> 文安县的地方治安"向凭保卫团维持，警察因枪械缺乏素不负此项责任"。①
>
> 1932年10月，大兴县第四区保卫团区团队长甘永和带4名兵士携带枪支及护照到（公安局第三课）署，（请警察协助缉匪）会同前往板章路三盛店内缉捕绑票劫枪匪首李小仓等。②
>
> 1934年12月，大兴保卫团同政警一起缉捕票匪马子清。③

---

① 《视察员视察各县吏治情形、民生状况、各地方状况之意见》，载河北省政府民政厅视察室编《视察特刊》（1928年11月）第1号。
② "大兴县第四区保卫团关于请协助缉在逃票匪李文台的函"，北京市档案馆馆藏档案，档案号：J181-020-09728。
③ "北平市公安局外四区区署关于协助大兴保卫团获票匪马子清情形的呈"，北京市档案馆馆藏档案，档案号：J181-020-14928。

霸县"每值青纱帐起路劫架票之案时有所闻",但自保卫团1932年改组后,"匪人敛迹"。不仅"两间房村历年匪患予以铲除",又"与文安、新镇、大城、雄县、任丘等六县联防,互相援助"。山东省政府主席兼鲁豫清乡督办韩复榘以桑梓关系,由山东惠拨迫击炮两门,声威益壮,四境之内颇称安谧。①

整理改组后的平谷保卫团"于服从命令一项,收益甚宏……如遇集合剿匪,通知接到,立刻动员,一经整队出发,虽数百人,在夜间毫无喧嚣之声,兵随将转。……于剿匪两役益征成绩,较之冀南红枪民团,高出一筹矣。"②

1932年2月6日夜,房山县许金田勾结(当地土匪)老虎队多人到村保卫团抢劫枪支,未遂。8日,许又伙同他人盗墓后公然向村长副许世增、安泽多次勒索供给家属,又勒令其解散团丁,归伊保险。22日,许回村时被村长副许世增等稳住后,由保卫团团正王裕泰密报县署派队捕得,由房山县政府讯办。③

---

① 《霸县新志》卷三《行政》。
② 李兴焯:《平谷县二年来之回顾》,《河北月刊》1935年第11期。
③ "许金田因抢保卫团枪支未遂掘坟盗墓抢商号财物强盗罪判刑十七年",北京市档案馆馆藏档案,档案号:J191-002-03298。

有些地方保卫团治安成效显微，仅成为政令后地方社会的一个摆设。如：

> 安次、武清等县保卫团虽有设立，但办理不善，有名无实，"县长办理之令不过一纸空文"。①
>
> 正定县保卫各团佐除本村治安外，对于其他各村多不注意，剿捕盗匪亦不出力。②
>
> 雄县各区仅是那些保卫团驻在地能"颇蒙其利"，东、北两乡分团因怠于巡查、徒费公款而被解散，改归各村自办。③

有的地方保卫团力不抵匪，出现自己枪支被抢的尴尬；有的其至助纣为虐，成为民间治理中的恶疾。如：

> 1931年7月，通县第五区保卫团三间房分驻处团被匪徒抢去大枪、手枪、自行车及换下待洗军服符号等件。④

---

① 《视察员视察各县吏治情形、民生状况、各地方状况之意见》，《视察特刊》(1928年11月) 第1号。
② 同上。
③ 同上。
④ 北京市档案馆馆藏档案，档案号：J181-031-00705、J181-020-06884。

1931年8月,北平市南郊报告:通县马驹桥镇杨辛店土匪包围该地方保卫团,在攻击并枪伤保卫团丁后,把在场的保卫团团首管七之子及十三名学生击伤、绑去。另外,土匪还抢去保卫团的十余支大匣枪,并"扒去保卫团灰色制服十余件"。①

固安县境宛平属榆垡镇保卫团团丁崔治平等阴为土匪(进行)绑票、持枪强抢、勒赎、轮奸等恶行。②

永清县职司剿匪任务的保卫团官兵与土匪结盟拜亲,呼兄唤弟。③

有些保卫团甚至成为基层社会各路"精英"争夺权利资源的工具,这块"蛋糕"从制作到享用都完全为地方势力所掌控。如:

文安保卫团改组仅将旧有团内人员,改换名目,而"目

---

① "北平市公安局南郊区区署关于土匪围攻保卫团并绑走学生抢去枪支的呈",北京市档案馆馆藏档案,档案号:J181-020-05783。
② "内务部关于协缉榆伐镇保卫团丁崔治平的训令",北京市档案馆馆藏档案,档案号:J181-020-00865。
③ 永清县办公室编:《永清县志》,河北人民出版社,2000年,第407页。

警察为无关重要","实与省厅规定保卫团法大有出入"。①

固安县保卫团各区团长直接征收团款、任意去留团丁,且因财权在握、兵权在手,而"跋扈异常,大有各霸一方之势"。②

房山县保卫团则成为县长与公安局长争权斗势的工具。③

1929年省派视察员曾报称,房山县保卫团与公安局"立于对等地位,时存秦越之见,一旦有事,鲜能和衷共济";宛平、大兴、霸县、固安等,永清、安次、武清、香河、通县及宝坻等地,"向不注意警察,而注意于自卫之各团。"④

综上所述,保卫团是活跃于近代基层社会的一种地方社会组织。通过20世纪前期北京及周边地方保卫团的个案研究,既可探讨近代民间治理中的复杂性,又可借以窥视近代北京及周边地方社会。一般来说,任何政权都不会允许在其控制工具外

---

① 河北省民政厅编印:《视察特刊》(1929年7月)第2号。
② 《河北省民政厅民国二十一年七月份行政报告:整饬固安县保卫团经过》,《河北民政刊要》(1932年9月)第9号。
③ 河北省民政厅编印:《视察特刊》(1929年7月)第2号。
④ 同上。

有另种武装团体的存在。但因其保卫团生于地方社会、长于基层,且源于民众自卫之需的"本性",如管理得当即可成为国家加强民间社会治安之利器,成为官方强化民间社会治理的一种有效途径。但如果国家强势不足,或在实际操作中不能施以经费支持等有效手段,只是靠规章制度的表面约束和停留在字面层面的监督,这样的"官治"方式则不仅很难改变其"自治"特性,且缺少了强有力"官治"指导、引导的武装组织极有可能成为民间治理中的一个肿瘤。这一社会肿瘤是良性还是恶性,因时、因地而宜。20世纪前期,在当时北京及周边地区的独特环境中,北洋政府、南京国民政府相继努力强化民间治理:在官方的制度设计中,地方保卫团是国家强化民间治理的对象或途径甚至工具;但同时,在中央与地方政府政治控制及经济实力不足的情况下,又无法真正使其摆脱"自治"色彩。由此,这里的保卫团一路跌跌撞撞于"自治"和"官治"的两条轨道中,碰撞出了近代民间治理中社会组织与国家政权在地方社会的众生相,并在是非成败和各种纷繁复杂中留下了深刻的历史经验与教训。

# 近代基层社会治理中的地方保卫团
## ——基于1930年前后燕京大学对北平及附近地区调查的研究

在古代中国，基层社会治理的很多内容都是由地方自己负责。入近代以后，国门被迫打开，在国内外各种作用力的冲击下，中国基层社会治理问题更加复杂。为了维持地方社会秩序，暨加强其对基层社会的控制，晚清政府、北京政府、南京国民政府，都"各显神通"。在这一过程中，地方保卫团被北京政府和南京国民政府先后选中，成为20世纪前期基层社会治理的重要参与者、近代"国家基层政权建设"的载体和见证者。但截至目前，学界关于地方保卫团的研究成果并不多见，这与其相关资料分散、各地情况不一,有很大关系。① 本文将以1930年前后燕京大学社会学系对北平及其附近地区的调查为基础,试素描出近代中国基层社会治理中的一个剪影。不当之处,敬请方家指正。

# 一、 燕京大学社会学系对京畿地区基层社会的调查

1911年的辛亥革命,不仅推翻了中国两千多年的封建专制

---

① 目前关于地方保卫团的正面系统研究成果不多,除笔者的《河北省地方保卫团研究(1901—1937)》(天津古籍出版社,2016年)、白华山的《民间地方武装与地方秩序:上海保卫团研究(1924—1946)》(上海社会科学院出版社,2017年)外,仅见于几篇硕博士学位论文和期刊文章,在研究地域上涉及河北、上海、绥远与河南等地。

补注:2019年10月,得知继是年6月南开大学与华北二十余所高校及科研单位联合共同发起成立华北历史研究协作中心,并以经济结构与社会变迁为主题,成功举办了第一届华北区域史学术研讨会,在海内外学界产生了广泛影响后,为促进华北区域史研究继续深化,加快华北区域史研究学术共同体的形成,拟于第二年在青岛市、以"变动时代的华北:政治、制度与社会治理"为主题、由中国海洋大学中国社会史研究所主办,举办第二届华北区域史学术研讨会。后因受"新冠肺炎疫情"的影响,该会推迟到2020年11月27日—30日举行。笔者因故未能参会,但对这一个问题的关注一直在继续。从当时为参会撰文到现在准备汇集结册出版期间,在中国知网又见几篇相关问题的硕士学位论文,也由此可见学界对这一问题的日益关注。

帝制,更日渐打开了人们的视野。民国时期,尤其是二十世纪二三十年代,在高等院校、科研机构等组织中,掀起了一股农村社会调查的浪潮。其中,燕京大学社会学系就是当时基层社会调查大军中的一分子。

1922年创办伊始,燕京大学社会学系就在系主任步济时(美国传教士暨社会调查先驱、燕京大学神学院社会学教授)的倡导下,以基层社会调查为该系教学和研究工作的重要内容。[1] 1924年,燕大社会学系开始聘请中国社会学者、主讲社会学原理等课程的许仕廉,和中华教育文化基金董事会调查部主任李景汉等人到系任教。1925年,许仕廉在其《对社会学教程的研究》中提出,要"特别注重社会调查,使学生明了中国现实的社会情况,并掌握搜集科学材料的方法"。[2] 1926年,许仕廉接任燕大社会学系主任,杨开道、吴文藻等著名学者陆续受聘至社会学系讲学,以社区研究、功能学派为主导、更加"本土化"的社会调查也由此而进一步展开。

燕京大学社会学系的社会调查内容,涉及农村社会的政治、经济、风俗、宗教、妇女、娱乐等方面。如1928年,在乡村社会学专家杨开道博士的组织下,社会学系开始对燕京大学附近

---

[1] 傅愫冬:《燕京大学社会学系三十年》,《社会》1982年第4期。
[2] 许仕廉:《对于社会学教程的研究》,《社会学研究》(1925年)第2卷第4期。

的北平清河镇的人口统计、社会组织、经济状况等进行调查研究。1933年至1934年，在李景汉的带领下对定县社会、经济、教育、生活情况进行了全面调查。① 社会学系在创立之初，以促进美国在华的社会服务工作、提高基督教青年会成员的服务能力为主要目的，系主任步济时也以研究社会学和社会问题应属于宗教课的组成部分，而与基督教青年会联系，把它放在宗教学院。但自1926年许仕廉任系主任后，燕京大学社会学系的教学与研究日渐本土化，"以科学的态度、客观的方法，研究社会的现象"，② 调查目的也从服务外国教会变为认识中国的社会状况。有学者指出，他们的这些调查诞生于社会学刚刚传入中国之际，"从而真切地再现了社会学、人类学等学科怎样扎根于中国，怎样在实践中不断被应用、反思、改造、创新的过程，反映出了当时学人所努力的方向和方法"，燕京大学社会学系最早采用实证方法来观察研究中国，为"我们清晰和准确地把握当时社会提供了极大的帮助"。③

从地域上看，燕大社会学系师生的社会调查涉及范围较广，

---

① 社会学系的基层社会调查在时间上基本上至于新中国成立初期燕京大学被撤销，调查成果可见至1951年，本文的论述下限为华北事变前。

② 李景汉：《中国社会调查运动》，《社会学界》（1927年）第1卷。

③ 朱浒、赵丽：《燕大社会调查与中国早期社会学本土化实践》，《北京社会科学》2006年第8期。

但因地利之便等因，尤其集中于北平及其附近区县。这些社会调查的成果多发表在 1930 年由许仕廉联合孙本文等南北方知名社会学者创设的《社会学界》上，也有的以著述形式出版（如李景汉的《定县社会概况调查》），或为该系本科生的毕业论文。这些成果既保存了大量的调查数据和原始资料，又凝聚了代表当时比较先进的中国知识分子对社会、政治、经济等问题的分析和透视，是今天我们"深入研究和了解中国近代农村社会极为珍贵的第一手资料"。①

## 二、 制度设计蓝图中的地方保卫团

若追溯其历史发展的轨迹，保卫团最初是因民众自卫之需而自发组建的地方武装。

"地方治安在中国自古就是由地方自己负责，官府总是在地方治安已然破坏之后才发生动作。"② 一般来说，任何政权都不会允许在其控制工具之外有另种武装团体的存在。但在政府影

---

① 杨学新、庞琳：《20 世纪二三十年代河北农村社会状况调查述评》，《河北学刊》2010 年第 4 期。
② 蒋旨昂：《卢家村》，《社会学界》第八卷，1934 年。

响力所不及时,地方武装往往又能实现保境安民,在一定程度上弥补政府的防卫空虚。故而,国家于地方武装既鼓励又防范。① 清末,在太平军、捻军被镇压下去后,此前兴起的地方团练被清政府下令解散。然而,在当时的中国境内,各种天灾人祸仍接连不断,以致很多地方盗匪活动猖獗,民众的生命财产安全频遭威胁。20世纪初,清政府推行新政,裁汰绿营、保甲,建立警察局所,但"警察力有不逮,势不得不借助于团勇"②。一时间,民众自发组织起来,以保家自卫为目标的武装团体不断涌现于各处。此时,各地对这些自卫武装的叫法不一,在时人留下的文献中我们可以看到:有的沿用团练的叫法,称之为"团勇",有的叫"民团",有的叫"保卫社"等等,不一而足。直至1914年5月,这些地方自卫武装被北京政府赋予了一个统一的、法定名号:保卫团。这个本为民众自发组建的自卫武装,也由此开始被纳入"国家政权建设"的蓝图中。

1914年5月20日,袁世凯通过第七十号教令发布了大总统令:颁布《地方保卫团条例》(以下简称《条例》)。③《条例》

---

① 吕书额:《河北省地方保卫团研究(1901—1937)》,天津古籍出版社,2016年,第16页。

② 彭佐桢等修:民国《完县志》卷四《行政志下》。

③ 以下关于1914年《地方保卫团条例》的各引文皆出自蔡鸿源主编的《民国法规集成》第13册,黄山书社,1999年,第258—261页。

要求:"凡县属未设警察地方,因人民之请求及县知事认为需要时,得报明本省长官,设立保卫团";"凡县属地方原设之乡团、保甲,应由县知事切实整理,得按本条例呈明本省长官,核准办理";"各地方保卫事宜,以县知事为总监督,遴委地方公正绅商,协筹办理"。按照规定,各地方保卫团的职务主要是清查户口、围捕盗匪,"各团遇有匪警时,团总得临时召集团丁围捕,除匪徒拘捕应有正当防御外,于捕获后送由总监督讯办,不得违法私讯"。显然,袁世凯试图通过统一各种地方武装组织,借设立保卫团之名来强化基层社会治理及其对地方社会的控制。在他的这番设计中,保卫团是"辅助"警察维护地方治安的"御用"武装。但除了官方赋予的名号和"辅警"社会职责和编制上提出要求和由县知事任总监督外,该《条例》中保卫团更多的还是"民"的属性:副总以下各成员皆为地方人士,且"皆系名誉职,不支薪金";经费"由各该处就地筹款";没有固定的办公地点,"即就各该地方旧有之寺观公所设置"。

1929年7月,南京国民政府公布的《县保卫团法》① 基本沿行了北京政府的做法:一方面明令"凡各县地方原有之乡团,及其他一切自卫组织,均应依本法之规定,改组为保卫团",

---

① 此处及后文所说南京国民政府颁行的《县保卫团法》内容皆引自戴鸿映编的《旧中国治安法规选编》,群众出版社,1985年,第208—212页。

"以增进人民自卫能力,辅助军警维持治安为宗旨",提出编制和聘任训练员的要求,对保卫团进行"授以军事知识及技术"的军事训练及"授以党义及政治常识"政治训练;同时又规定"保卫团除担任训练及办理文牍人员酌给薪水外,其余一律为名誉职",保卫团经费"由总团长(即县长)招集会议就地筹集之",办公地点仍在"地方原有庙宇或公所"。

总之,在北京政府和南京国民政府的"国家政权建设"蓝图中,保卫团被授以了"官"名,和辅助警察维护地方社会治安的"官"职;除了这些法定名义外,仍是随其继续"土生""土长"。

## 三、 燕大社会学系调查中的定县保卫团

从燕京大学师生所做的社会调查看,1930年前后的定县保卫团没有真正达到规范和统一,其在基层社会治理中的实际效能也与官方设计有一定差异。

1926年秋,中华平民教育促进会将河北定县选定为"华北实验区",以翟城村为中心,从事各项工作。1928年,已在燕京大学社会学系任教数年的李景汉偕同多人到定县进行社会调查。在他们的调查成果之一——《定县社会概况调查》中,保卫团

首先作为公安局的"附属",与县公署、建设局及其所属机关、教育局及其所属机关、财务局并列于"现在的县政府"名目下。但在述及其在定县的实际存在与运行状态时,称:"保卫团虽然是附属在公安局之下,但并不是政府设立的,乃是人民自行组织的。"保卫团同公安局一样,将全县分为6区,县长定期召集各区村长佐到县里"讨论组织保卫团的事情"。每区又划分为5部,每部的1名董事都是由各村长佐推举,5个部的董事再推出乡望2人、在城关内做事的2人。5名董事和2名乡望与在城内机关做事的2人,一起组成董事会,开会推举团正3人,"呈县择委"。调查发现,定县6个区都有成立保卫团,但具体成立时间、组织人数与团内人员编制、经费等情况,几个区团之间略有不同(详见表1)。[1]

---

[1] 李景汉:《定县社会概况调查》,上海人民出版社,2005年,第101—102页。

表1　1930年前后河北定县六区保卫团简况表

| 区 | 保卫团成立时间 | 董事、组织人数与团内人员 | 每月经费数额及来源 |
|---|---|---|---|
| 第一区 | 1929年4月 | 董事5名，团正1名、书记1名、分队长5名、副队长5名、护兵1名、号兵1名、夫役1名、团丁45名 | 500元，区内庄户每月摊款0.10元 |
| 第二区 | 1929年4月 | 董事9名，组织与团内人员同第一区 | 507元，区内庄户每月摊款0.10元 |
| 第三区 | 1929年4月 | 组织人数与团内人员同第一区、二区 | |
| 第四区 | 1929年4月 | 董事9名，团正1名、调查员1名、书记1名、团佐2名、班长3名、马丁2名、团丁54名、伙夫3名、差役1名 | 670元，区内每户每月摊款约0.06元 |
| 第五区 | 1929年4月 | 董事7名，团内人员同第一区、二区 | 670元，区内每户每月摊款约0.10元 |
| 第六区东半区 | 1929年5月 | 董事13名，组织与第一、第二区同 | 670元，区内每户每月摊款约0.10元 |
| 第六区西半区 | 1928年11月 | 董事3名，组织与第一、第二区同 | 670元，区内每户每月摊款约0.10元 |

尽管在官方的设计中,在地方社会治安的维护中,保卫团位于警察之后,"协同警察"助理清查户口、围捕盗匪,或"辅助军警维持治安";如遇大股盗匪,"情节重大时",要"报县调派军警赴剿","团丁服务以不出县境为原则"。① 而且,定县公安局"因规模较大",设6个警区,"亦有警察多名","开销较繁",每年都在地方的开支中占比最高,甚至有1927—1929年连续三年超过全体支出半数以上。但定县保卫团在地方治安中的实际效能,似乎超过了官方的预期。调查发现,保卫团"有时比公安局还有力量,对于冬防很见功效"。②

在随后的"东亭乡村社会区62村内各村所有各种自治组织"之"各村皆有的会社"中,保卫团再次被提及。"各村都有保卫团,目的在保守村中治安,预防盗贼,补充县署保卫团与公安局的不及"。此处介绍了各村保卫团的情况:"设团长1人或2人,团员2人至十余人";"团长管理全团内一切事情并检查团员的勤怠";"普通团长都由村长佐担任,团员由村内壮丁担任";"团员听受团长的指挥,夜间巡逻打更,遇有盗贼合力捕捉"。关于保卫团的经费问题,这里所言与前述出入较大:

---

① 蔡鸿源主编:《民国法规集成》第13册,黄山书社,1999年,第258—261页;戴鸿映编:《旧中国治安法规选编》,群众出版社,1985年,第208—212页。

② 李景汉:《定县社会概况调查》,第102页。

"保卫团的经费没有一定,有的由公款支给,有的按地亩分摊,有的按秋收后每亩收获多少,酌量出谷一升或麦半升。有的由富户随意捐出粮食,供给团员用。"① 根据调查报告后附62村其他情况各表来看,此处所说的"公款"应该是村中各家以某种名义已交至村中的款额,或村中公产的收入,而不是来自政府的"官方"拨款。

关于保卫团在维持地方治安时所需的枪械等器具,北京政府的《地方保卫团条例》称,"各团户原有枪械须报由总监督验明烙印编号,因事实发生必须添置时,须由总监督呈明省长核准";南京国民政府颁行的《县保卫团法》有"保卫团枪支,须报由总团长验明烙印编号,如不敷用时,由总团长呈明省政府核准添置之"。即,两个政府都只注意到如何把控隐藏于基层社会的枪支,却丝毫不提给保卫团配备武器,或必要时的购置费用来源问题。在《定县社会概况调查》中关于保卫团的系目下,也没有直接提到这一问题,但在述及"农民生活费"时,在"34家全年各项杂费"中列有"枪及缨"的项目支出,从"缨"和0.42元的总费用数值来看,此处的"枪"应该不是热兵器,而是类似红缨枪之类的冷兵器。在34家中,有此项费用

---

① 李景汉:《定县社会概况调查》,第114页。

支出的只有1个家庭。① 由此可见，保卫团的武强装备不多，且力量不强。

总之，在燕京大学社会学系的调查中，定县保卫团在基层社会中的实际情况是：在1930年前后，已普遍成立；各区、村保卫团人数不定；经费无定数，主要由地方自筹解决；武器装备弱，但在维持地方秩序时，不仅能辅助警察，"夜间巡逻打更，遇有盗贼合力捉捕"，在冬防中甚至"有时比公安局还有力量"。

## 四、 燕大社会学系调查中北平郊县一带的地方保卫团

距离燕京大学校址不到两公里的地方，有个一个叫清河镇的地方。清河镇既为宛平县第五区，又为北平北郊第一总署第九分署驻在地，社区内的几十个村子或隶属于昌平县、或隶属于宛平县，或属于北平，是个包含多个政治区域在内的地方。除缺少大家庭势力和有不少回教徒之外，它被认为"很是一个代表中国生活的村镇"。② 加上地利之便，1928年杨开道就组织

---

① 李景汉：《定县社会概况调查》，第311页。
② 许仕廉：《一个市镇调查的尝试》，《社会学界》第五卷，1931年。

学生去那里进行调查，随后，清河镇社区正式成为燕京大学社会学系的试验田，并因此而产生了一批关于北平郊县一带基层社会的调查报告。

1929年9月底，许仕廉在他的报告《一个市镇调查的尝试》中，为我们展示了1930年前清河镇的社会治理概况。他认为，"对于该地方之生活有很大之影响"的组织，首先是"纯为自卫而设"的青苗会。青苗会的经费由各家按地亩之多寡摊派，1928年每亩地应出二角五分。青苗会的五个会首（其中一人为会计）"均系大地主，而由其他地主所选出者"，故"实为地主之组织"。青苗会的主要工作是"雇佣守卫，于春秋两季保护青苗，并处分违章的人"。在有军队及地方政府征款时，青苗会"又须应付"。商会在清河镇社区是影响较大的一个组织，该会"目的为保护商人免受政府军队及盗贼之骚扰"，兴起于1919年。商会还"应付政府及军队等各种经济上之要求"，"地方上的保卫团差不多完全由他们出款"。① 此处许仕廉所称"保卫团"，是他根据此时的官方叫法而称之为"保卫团"的。实际上，此时在清河镇同警察一起维持地方社会秩序的武装组织自称"自卫团"。在提到清河镇的政治时，报告称："地方公安由政府所委派之警察及地方人民所组织的自卫团来维持"；该地方

---

① 许仕廉：《一个市镇调查的尝试》，《社会学界》第五卷，1931年。

自卫团"只于冬季暂时设立四个月,自九月底起始,政府令东部每村派数名到清河总机关,数额按庄村之大小而定,清河本村派遣10名,共和28名"。在职能上,"自卫团并无指导及监察之官吏,而由警署之官吏指导,他们完全执行警察的职务。该镇两部分之警察,全由地方税款维持,倘税款不足时,则由商会出纳"。在这里,自卫团已被等同于警察。报告还称:"1928年张作霖出北平时,每家派遣一人组成义勇团,帮助警察保护地方,防御逃兵及土匪。"① 从时间上看,早在1914年袁世凯已明令要求各地将明目不一的武装团体改组为保卫团,或新创建协同警察维护地方治安的名为"保卫团"的地方武装。1929年,南京国民政府再次以法令形式统一了"保卫团"的叫法。而此时,清河镇的自卫团、义勇团等武装组织,实际担负着辅助警察维护地方治安的责任,却仍自立名号。

后来,蒋旨昂对位于清河镇社区、行政上隶属昌平县的卢家村,万树庸对位于清河镇社区、行政上隶属宛平县的黄土北店村,进行了更为深入、具体的调查,使我们对这个"代表中国生活的村镇"及其社会治理状况有更为细致的认识。

调查发现:在卢家村,维持治安的是乡公所,"乡公所之外,也曾有过邻间的编排,不过不久连纸贴的门牌都少见了。

---

① 许仕廉:《一个市镇调查的尝试》,《社会学界》第五卷,1931年。

没有邻闾长因之也就没有保卫组织上的牌子了,却有一甲长,是(青苗会)会头,却不是依据民国十八年公布的县保卫团法所规定的甲长由乡长担任的乡长,大概是根据省政府十九年年终的决议,牌长甲长就境内有办团知识、素孚舆望者充之"。但这甲长"对办团并无经验,现在他指挥着四个青夫所兼的保卫团,实则只有青头是名义上的保卫团丁"①。1932年时,卢家村有保卫团团丁(即青夫)3人,每人薪金25元。次年,薪金是麦秋时12元、大秋时52元。保卫团的器具是枪,乡公所有5支,私人两家有枪。乡公所的枪购置于1925年,"十三出""十七出"各两支,一支汉阳造"直五排";子弹仅有10粒,铅头。这样的武器装备让保卫团"在夏天村外的路劫村中没有办法,在冬夜却由甲长和保卫团丁提着枪到村中各处巡逻,到午夜就休息了"。调查发现,在乡长家还有两支枪,"乡长父子每晚将枪装上子弹,放在床头,第二天将子弹取出,将枪藏起"。②雇佣保卫团丁的薪金支出,加上购置子弹、枪炮、枪药、修理枪支、看青酒钱、看青下地饭、枪照打印钱、守夜白面、菜、茶叶、煤油、洋货等,和保卫团下道等,使卢家村的"本村公安"项目费用在1932年达90多元,占总支出款的11%,1933年70

---

① 蒋旨昂:《卢家村》,《社会学界》第八卷,1934年。
② 同上。

多元,占总支出款的 7.9%。这两年卢家村的"本村公安"项目在所有支出项目中,均位居第三。① 虽然,枪支和子弹的数量不多,质量和使用率有限,但相对于前述定县保卫团而言,卢家村保卫团的武器装备俨然要先进得多。

黄土北店村的乡村组织,也是以青苗会为最基本,村公所、保卫团"均在青苗会底卵翼之下"。甚至该村的学校也是由青苗会承办,学校经费由青苗会包办,学校董事也是在青苗会会首中派出三人。这里的保卫团成立于 1926 年以后,"应付因内战而起的不安定状况"。保卫团的办公地点在关帝庙三间西耳房内,团丁分两种:一种是雇佣团丁,共 2 人,系村中外出当兵退伍回来者,任指挥教练之责,提供军装,月薪 6 元;另一种是义务职团丁,20 人为一班,轮流带土枪巡逻守夜。义务团丁均出自村中种地在三十亩以上人家,每家出一人,有 150 余家为义务团丁。这些义务团丁每星期值班一次,每班设班长 1 人,负责召集。每班班长由村长指派,均为青苗会会首。班中如有人因故缺席,得觅人代行职务,倘因特别事故临时缺席,班长即率领缺数的值班前往巡逻。万树庸认为,"这种办法特别经济,更可避免豪绅利用保卫团鱼肉乡里的把戏"。② 冬季有时不

---

① 蒋旨昂:《卢家村》,《社会学界》第八卷,1934 年。
② 万树庸:《黄土北店村社会调查》,《社会学界》第六卷,1932 年。

成立规模较大的保卫团，县长及派人偕同区公所督催；遇有匪警，县长就亲自到村，偕同区长与公安分局长办理。

1937年，新至燕京大学任教的黄迪先生着手整理燕大社会学系在过去十年中对清河镇的调查研究工作。通过他的《清河镇社区——一个初步研究报告》，我们可以对这个包含一个镇和几十个村子的社区及其社会治理，做再一次的勾勒。在村一级，大部分都已有保卫团之设置，但这些保卫团最多只是保留了国家所赋之名，实际上却非"国家政权建设"中政府加强基层社会控制之保卫团。各村保卫团团丁人数不尽相同，其中有领薪金的雇佣团丁，也有义务职团丁。有些小村，无设保卫团，或即由青夫兼充团丁，夜间巡逻打更。大村内常有许多义务职团丁，这些团丁来自"种地较多的农家"，每家各出一人，再分为若干班，在冬夏二季时带土枪轮流守夜，每夜由一班负责，"特雇团丁最多亦不过二三人"。保卫团如捉获强盗，多送往县区查办。在黄迪看来，这样的做法使清河镇的村民"不仅有纳税（地底钱）的义务，并且有当兵的义务"。保卫团的特雇团丁月薪6元，由会中供给军装，除担任巡逻外还管教练。保卫团的这些花费都是由当地青苗会提供，黄迪在报告中称保卫团团丁是青苗会的雇员。清河镇上的保卫团，既受镇以北附近几村的滋养，也肩负维护其治安的义务，"这几村的会头或乡长间时仍有联络"。出现在清河镇社区的保卫团丁，还有一些是受县政府指派、办理村中所不能调节的诉讼的,肩负这些职能的保卫团丁为数不多。总之,在清河镇社区,为"地方实际政治生活重心"、专负维持地方社会秩序责任的,是青苗会。这里的保卫团虽有巡夜和捉捕盗匪的举动,但其在基层社会治理中的这点儿表现,不是对官方政府倡导建立保卫团、辅助警察维持地方社会秩序的响应,而是受雇于青苗会——被黄迪称之为"一种雏形的地方政府亦不为过",在当地拥有土地较多者出钱或出人的滋养中履行其工作职责的"雇员式反应"。

田德一则是对自己的家乡——毗邻北平的安次县大北隐村的组织进行了调查研究。① 调查报告称,安次县办保卫团"已有二十来年的工夫。当初每年举行检阅一次,由各区派团丁去应付差使。当时有持火枪的,有持鸟枪的,有持抬杆枪的,也有少数持着新式快枪的,五花八门,差不多各样全有"。"那时本村只出一个团丁,他那一天的饭钱,由村中公款付给。"从时间推算来看,这里所说"那时"的保卫团应该是在北京政府时期遵令办理的,但也只是沿用其名,而在编制、职能上自行其是。1930年后,虽"已有长期的团丁一名",但也仍非南京国民政府要求的保卫团。"按月给薪,每月5元。他对于村中没有什么

---

① 田德一:《一个农村组织之研究——家族及村治》,《社会学界》第八卷,1934年。

裨益，天天只是听区里调用"。同时，报告又称，大北隐村另外还有"本村保卫团"，"它的历史已有十几年之久"，且"才与本村的安宁发生直接的关系"，即这种"本村保卫团据是地方自卫的产物"。据说，"当初时局平定，四乡也很安静，昼夜行路从不会有什么事发生"。但在第一次直奉战争后，村中有家于夜间失去一头小驴，"村民才其实每夜轮流打更"。此时的保卫团是每家三天出一人值班，"自晚饭后聚齐，等到鸡叫时便各自归家中"，"每人手中拿着的不过一个木棒而已，其目的也就是防止小贼的来临"。后来因为其他较远的村庄每夜发生被盗案件数起，"村中产业丰富的家庭，多购置快枪、手枪，为的是自家保护自家"。盗匪的横行，"夜间抢人的明伙竟也在白天工作起来"，使村民愈感联合自保的重要性，"便马上成立保卫团，每家出一人做团丁，日夜值班看守"。因为当时也正在麦秋将过而大秋未至的暑期，待大秋一到，村中也没有发生抢案，保卫团便又解散了。据称，"那年冬天，每夜每家都要有一个人在房上打更，狗一有咬声，更夫立刻互相呐喊，表示并未睡觉，仍在防备着贼来"。及1930年夏，村西乡又有票匪案件发生，"村民都恐惧起来，乃由各家商议，凡过五十亩地者，必须出来一个人作为团丁，凡到一百亩地者，必须同时购置大枪一支"。保卫团所需军服等由村中置备，保卫团团丁每日整队在村周围巡逻，午饭在一起吃，饭费由各街自己付出。但后来，又因故分开守卫,有的街的保卫团解散了,有的街的保卫团依然存在。至1932年夏,"已有团保1名,棚目4名,分任大小领队"。当年七月,"因受区的命令,原来解散的街保卫团又重新组织起来,但仍是各自守卫,各自在自己街一起用午饭"。但在1933年"因为村中住了一连军队",村民不堪供养之重负,"无力顾及自卫团体的性命",保卫团又无形中停止。但因没有了保卫团的组织自卫,每家都又不得已尽力自购枪支,"好用以自卫"。而一支大枪或手枪在百元以上,对于自有三四十亩地的人家来说是一笔无法承担的款项。"不过他们也尽力购买一支值十元上下用火药的火枪,一防于万一。"截至1934年,大北隐村四条街道共有85支枪,因土匪猖獗,"每到夜间闻到别的村庄枪声时,在房上的更夫便一齐发放",一时间"便不知耗费多少血汗换来的金钱"。

对于大北隐村保卫团时聚时散的原因,报告称系"夏天青纱帐起,贼匪最难防备,稍有资产的人家,因为忧惧,就很容易地组织起来,到大秋一忙,又将票匪的消息给忘下,冬天因为全都没事,以为自己看家最可靠,所以不愿再组织起来"。田德一的分析不无道理,保卫团的组织与否主要取决于民众是否有联合保家自卫的需要,这种"自由散漫"是民众自治、按需自取的一种本真体现。而且,在当地民众看来,"保卫团固然在每年夏天曾用了许多公款,然而这几年来四乡土匪虽是很凶,本村并未有一家被抢被绑",认为保卫团的自卫之职"有了相当的成效"。

## 五、 结论

燕京大学社会学系在1930年前后的社会调查虽广,但就全国而言,其所到之地仍是有限的,其对基层社会的关注也不仅仅在地方保卫团与基层社会治理。但是,模范县定县和试验区清河镇在当时的中国具有一定的典型性、代表性;其对保卫团的聚焦也在一定程度上说明这一组织及其问题在地方社会问题中的凸显。透过这些从社会学角度、以社区研究与功能学派为主导、"本土化"的社会调查报告,我们不仅能够管窥保卫团在20世纪前期中国基层社会的存在状态、运行态势及实际效能,也能由此推及保卫团在地方社会中的影响。

保卫团本系民众因自卫之需而自发组建的武装团体,是越过了血缘关系的一种地缘组织。它之所以能获得官方赋予的名号与合法存在的法律保障,主要是因为"国家政权基层建设"之需。除此之外,北京政府和南京国民政府都基本再没有给它以任何实质性的支持。因此,这种始于地方自卫之需的民间武装在20世纪前期中国基层社会的存在,也是除了顶着那顶"官帽"外,基本再无其他——继续根据地方自身的实际需要与否而自由地兴起或解散，有的地方甚至连这个"帽子"也不要。实际上，在从民初到抗日战争全面爆发的二十几年中，很多地方自卫武装都基本处于这样一种状态，即：不再绝对地自发、分散，但也没有真正达到规范和统一。

从保卫团对基层社会治理的参与看，多能"不忘初心"，履行围捕盗匪、维护地方秩序的职责。但受武器等实力所限，其能围捕的也只是小股匪贼，在冬防时节的防贼防盗效果尤为显著。如从"国家基层政权建设"来看，北京政府和南京国民政府试图借助保卫团来加强其对基层社会控制的目的没有完全实现。这一尝试虽没有完全失败，但也不是成功的。

出现这样尴尬的局面，其原因是多方面的。从政府层面来说，其混淆了"国家"与"社会"的界限，哪些事务属于国家职责或权力范围，哪些事务属于社会自治范畴，模糊不清：既想将地方武装纳入国家控制体系，又不能给予经费支持等根本性帮助，所以对其控制也只能是有心无力。从民间武装自身来说，其既希望得到官方的认可，获得合法存在的地位，又难以抛却保（小）家自卫的格局，所以在"接受招安"与继续拼命"占山为王"间摇摆不定。当然，双方也不是没有和谐共存的可能。换个角度，扬各自所长、继续各自之优势，避各自之所短、吸收对方之长处，两者或许能共处得很好。这也算是那段历史留给我们的一种思索吧。

基层社会组织与
近代河北社会治理（1840—1937）

# 基层社会治理中的民间力量考察
## ——以民国前期的廊坊为中心

目前学界对民间社会组织在社会治理中的重要作用有较为一致的认可。但具体有哪些民间社会组织，不同名目背后其实际力量与具体表现如何，在基层社会治理中又产生了哪些影响，需因地、因时而论。本文将以今河北廊坊为地域范围，对其民国前期基层社会治理中的民间力量做重点考察，以为相关研究的拓展提供补充性参考。

今河北廊坊本身有着悠久的历史，晚近以来愈加凸显于中国地图上。"黄帝制天下以立万国，始经安墟"。① 据相关专家考证，此"安墟"即现廊坊安次。晚清设站后，这里成为进京入津之要道；义和团运动期间，八国联军在此遭受重创；而今其更是河北推动京津冀协同发展的最前沿和核心区。由此，对廊坊历史关注也就更具现实意义。

----

① 〔明〕蒋一葵：《长安客话》卷五《畿辅杂记·东安县》。

其中本籍学者对家乡的学术性审视，无疑是我们研究该地域时最有参考价值的资料。1930年前后，时为燕京大学社会学系学生的田德一参加了由许世廉、杨开道等第一批华人学者主持的系列社会调查活动。他以其生长地——安次县大北隐村为调查对象，写下的《一个农村组织之研究——家族及村治》当时是其参加活动的成果暨学士论文，如今是我们了解那时、那地的珍贵史料。王晟，一位出生、成长并在毕业后执教于廊坊霸州市胜芳镇的知识分子。出于对家乡的热爱，他从2008年以来一直利用业余时间走访当地"上了年纪但记忆力很好的老人"，以"从他们的叙说中留下当地的历史"[①]。"武平乡音"等微信公众号，不断推出关于当地历史的文章。2010年以来，笔者与一些志同道合者多次深入廊坊下辖区县、乡、村，通过走访搜集、整理有关廊坊历史、文化的一些资料。类似这些本土一线调研是本研究的重要文献，也是相关研究的早期成果，在此谨对这些曾经的努力略表谢意与敬意。

---

① 王晟口述，笔者记录，2022年11月14日。

## 一、廊坊概况

据最新版《廊坊市志》① 与现廊坊市人民政府网站②记述：黄帝逐鹿鏖兵时经过该地；今之境域"夏商处冀州之地"，春秋、战国时期为燕国封疆，秦时属渔阳郡、广阳郡、巨鹿郡，汉、三国时为幽州，唐时属幽州、蓟州、瀛州。宋、辽时，宋辽国界分廊坊于南北，而各隶属于河北东路和南京道，杨家将守三关、演绎英雄悲歌。元、明、清时，今廊坊分属中书省、顺天府与直隶，"为京畿要冲"。19世纪末，京山铁路在此设站，站牌名为廊房，新中国成立后逐渐把"廊房"写作"廊坊"。解放初期，这里是河北省天津区行政督察专员公署所在地。1969年，行政中心由天津迁至廊坊，1974年改称廊坊地区，1989年撤地建市。

廊坊处在海河流域中下游，水系发达，流经该市的大小河流有20条，一般平均每年可拦蓄地表水3.33亿立方米；水资源

---

① 廊坊市志编修委员会编，曹渊主编：《廊坊市志》，方志出版社，2001年，第1—2页。
② "廊坊市人民政府"网站"走进廊坊"：https：//www.lf.gov.cn/Category_ 5/Index. aspx。

可利用量7.74亿立方米。廊坊境内98%面积为平原，地势平缓，平均海拔13米。属暖温带大陆性季风气候，四季分明，夏季炎热多雨，冬季寒冷干燥，春季干旱多风沙，秋季秋高气爽。

从行政区划看，廊坊位于河北省中部偏东、环渤海腹地，北临北京、东与天津交界、南接沧州、西和保定毗连。现辖6个县（香河、大厂、永清、固安、文安、大城），2个县级市（三河、霸州），2个市辖区（广阳、安次），1个国家级经济技术开发区和廊坊临空经济区。由于1974年的行政区划变动，廊坊下辖的几个县和北京与天津地域相交，形成北部三县与境域主体不相连接的版图。廊坊城区拱卫于北京东南，与北京、天津两大城市成一条直线位于中间。廊坊市距北京、天津各60公里，距省会石家庄280公里，距首都机场和天津机场各70公里，距天津港100公里，距京唐港、黄骅港200公里，形成了依托中心城市和空港、海港发展经济的独特区位优势。既得近海开放之利，更占接受京津辐射之先，具有形成北方市场物流、人流、信息流中心的趋向。

这里的文化底蕴丰厚、特色鲜明。尤其是明初的几次人口迁移，使廊坊在原有基础上又汇集了来自山西、张家口、江苏等地区的居民和随他们而至的各种文化；清末，随着清廷及王室贵族的衰落，原服务于皇室、王府的一些人落脚到廊坊，也带来了富有宫廷色彩的传统文化。现籍属廊坊、声名卓著的代表性文化有如：在音乐领域独树一帜的屈家营古音乐，乐风古朴，音乐以其严格的教习制度，保持了古乐的纯净，被誉为中国民间音乐的瑰宝；因创作演出《嫁不出去的姑娘》《水墙》等驰名全国的大厂县评剧团先后荣获"全国精神文明建设五个一工程奖""中国曹禺戏剧文学奖"等多项国内大奖，在当代中国文艺舞台熠熠生辉；位于永清县境内保存完好的宋辽古栈道遗址，是研究宋辽战争及古代防御工程珍贵的实物资料；京东大鼓于清乾隆年间在三河及天津等地发源并广泛流传，记录了中国的历史变迁；等等。

关心政事、维护民族与民生疾苦的人文精神在这里一直积淀传承。明朝中叶，刘六、刘七揭竿起义，席卷半个中国；清末，廊坊义和团团民用大刀长矛等冷兵器和血肉之躯遏制八国联军进京的意图，取得了标志义和团运动高潮的廊坊大捷。民国时期，安平事件轰动全国；北洋政府国务总理张绍曾和写下《我的"自白书"》"高唱葬歌埋葬蒋家王朝"的革命烈士陈然，与长征老将军孙毅、体育界德高望重的荣高堂、闻名中外的八卦掌创始人董海川等一大批优秀代表人物，使"廊坊"之名一次次进入人们的视线。

## 二、民国前期廊坊基层社会治理中的民间力量

清末至卢沟桥事变前,今廊坊下辖各县市的行政隶属有所变动。如:清末时,今三河、香河、安次、永清、固安、霸州、文安、大城等县域隶直隶省顺天府;1913 年,改霸州为霸县;1914 年,东安县改为安次县,1915 年与三河、香河、永清、霸县、固安等地同归京兆区;今文安、大城隶属直隶省津海道。1928 年,廊坊境域随直隶改名而隶属河北省。

在数次的行政隶属变迁中,廊坊一带的旧有文献资料不免有遗失。检索现存相关文献可见,在民国前期的廊坊基层社会,于官方治理体系外还有些民间力量参与到社会治安管理中,并在其间发挥着重要作用。大致说来,有以下几种:

(一)保卫团

廊坊保卫团的存在虽有官方推动组建使然,但从其在基层社会治理中的表现看,更多是"自治"色彩,在地方担负治安维护的社会功能。

据《廊坊市志》载:1928 年时,廊坊多数县建有保卫团或

保安团，设团总1人、副团总2人，其中团总由县长兼任。各县团编2至3个大队，每个大队100人左右，设大队长、教练员、书记员各1人。每个大队下设3个分队，每个分队30人左右，配分队长1人。1929年，依据河北省国民政府《各县地方保卫团组织条例》再行组建或改组。1936年，多数县保卫团改为保安大队。①

但据燕京大学社会学系对1930年前期的安次县进行调研时发现②：安次县境内有两种形式的保卫团。其中，一种是应付官方公差的保卫团。这种保卫团在安次县"已有二十来年的工夫"，即创建于北洋政府时期。"每年举行检阅一次，由各区派团丁去应付差使"。在武器装备上，"有持火枪的，有持鸟枪的，有持抬枪的，也有少数持着新式快枪的，五花八门，差不多各样全有"。被调研的大北隐村只有一个这样的团丁，月薪5元，去参加检阅属于公差，那天的"饭钱由村中公款付给"。平日除了"听区里调用"外，"他对于村中没有什么裨益"。

另外有"与本村的安宁发生直接的关系"的"本村保卫团"，源起于直奉战争后。从刘街有一家于夜间失去一头小驴，

---

① 廊坊市志编修委员会编纂：《廊坊市志》，方志出版社，2001年，第502页。
② 田德一：《一个农村组织之研究——家族及村治》，《社会学界》第八卷，1934年。

村民起始每夜轮流打更,"自晚饭以后聚齐,等到鸡叫时便各归家中",以防"小贼的来临"。最初"每家三天只有一个人出来值班",武器装备也就是每人手中拿着一个木棒。后来"因为其他较远的村庄每夜'明伙'数起",村中有一定资产的家庭开始购置快枪、手枪,"为的是自家保护自家"。随着"夜间抢人的明伙竟也在白天工作起来",田街"马上成立村保卫团",每家出一人作团丁,日夜值班看守。但当"大秋一到,村中也没有发生抢案,便又解散了"。冬时,"每夜每家都要有一个人在房上打更,狗一有叫声,更夫立刻互相呐喊,表示并未睡觉",以"防备着贼来"。1930年夏,因在村西乡有票匪案发生,村民再次恐惧起来,"乃由各家商议,凡过50亩地者,必须出来一个人作团丁,凡到100亩地者,必须同时购置大枪一支"。"由村中置备军服,每日整队在村之周围巡行,午饭在一起吃,饭费由各街自己付出"。后来又因故分开守卫,本街保卫团解散,人数较多的田街保卫团仍在,但实力有限:及1932年夏,有团保一名,棚目四名,分任大小领队。1932年7月,又"因受区的命令本街重新组织起来,仍是各自守卫,各在自己街一起用午饭"。1933年夏,又"因为村中住了一连军队,乃无形中停止"。

今天,我们在"本村保卫团"的反复成立、解散中可见其"民间"本色与"自治"的特点,也可见当时社会治理问题概貌。当时燕京大学社会学系调研者的分析是:由本村保卫团成立的过程中，可以看出它的组织时成时散的原因，"夏天青纱帐起，贼匪最难防备，稍有资产的人家，因为忧惧，就很容易地组织起来，到大秋一忙，又将票匪的消息给忘了，冬天因为全都没事，以为自己看家最可靠，所以不愿再组织起来"。他们认为，"保卫团固然在每年夏天曾用了许多公款，然而这几年来，四乡土匪虽是很凶但本村并未有一家被抢被绑，这总算有了相当的成效"。在村民看来，因为军队驻防、需供养他们粮食而自身再无力顾及自卫团体的性命；但又因"没有保卫团的组织，每家都尽力购枪，好用以自卫"。当时，一支大枪或手枪至少要费 100 元以上，对拥有三四十亩地的人家来说存款不足，便"尽力买一支值 10 元上下用火药的火枪，以防于万一"。在只有百余户、八百多人的大北隐村里，共有 85 支枪［详见"安次县大北隐村各街枪数分类表（1935 年）"］。其中较为富裕的田街有大枪、手枪 28 枝之多。"每到夜间闻到别的村庄枪声时，在房上的更夫便一齐发放，其余的三条街，也闻声响应，似战争样的快放，如爆竹一般的乱响"。即便如此，"最近本街有三家被绑，田街因之大为恐慌，特别是土匪已经传过话来，说是要从田街的两头绑起"，因而只有二三十亩地的两家"也买了两支手枪，为是预防危险时期的来临"。且"每家都不敢在白天开门出去，而一到晚上，便整夜在房上守卫"。

**安次县大北隐村各街枪数分类表（1935 年）**

单位：支

| 街名 \ 类别、枪数 | 火枪 | 快枪 | 手枪 | 共计 |
|---|---|---|---|---|
| 本街 | 29 | 8 | 6 | 43 |
| 田街 | 7 | 10 | 8 | 25 |
| 张街 | 12 | 2 |  | 14 |
| 刘街 | 3 |  |  | 3 |
| 总合 | 51 | 20 | 14 | 85 |

## （二） 商团

七七事变前，廊坊商团以胜芳、苏桥为最盛，这与其发达的商业、优越的地理位置不无关系。

胜芳位于白洋淀下游、大清河南岸、中亭河北岸，始建于春秋末期，曾是北方一个的小渔村，称堤头村，后称武平亭、渭城，发达的水系使这里逐渐为富庶的鱼米之乡。明初大移民后，胜芳人口激增，比邻京津的优势使其在明清两朝时为重要的进京和西部货物出港的水陆码头，随即商贾云集，店铺林立，迅速发展成为华北商贸和文化重镇，清前期已富甲一方，谚称"南有苏杭，北有胜芳"。

当时胜芳隶属文安县,① 县志有载:"……文邑市唯胜芳最盛,水则帆樯林立,陆则车马喧阗,百货杂陈,商贾云集,列为直隶六镇之一。"② 晚清后随着国门的打开,胜芳镇因其得天独厚的地理和交通优势,商业得到了迅猛的发展,涌现出了以"吉庆堂"蔡家为首的"八大家"③。到1920年,全镇居民5782户、26004人,有字号的店铺多达一百多个,涉及粮行、米面铺、银号钱铺、渔业、当铺、醋酱园、烧锅、广货、杂货、布庄、干鲜货、瓷器店、赁货铺、草行、中药铺、饭庄、作坊和火柴、纸烟公司等,另有五家鸭蛋行、六家灰煤场、三家肉铺、两所评书馆等,在其桥头、街面、巷口的小摊贩,更是鳞次栉比。④ 据调查,"七七事变"前的胜芳镇总人口在4万人左右。

---

① 今胜芳镇原属文安县,1946年时划归霸县,为胜芳市;1949年从胜霸县,为县级胜芳镇,直属天津专区;1963年重新划归霸县,为胜芳镇公社;1981年改为胜芳镇,截至2020年6月下辖1个社区和39个行政村。1985年,胜芳镇成为河北省第一个亿元镇;1989年,胜芳镇东升街成为河北省第一个亿元村。近年来,胜芳镇综合竞争力一直位居河北省小城镇建设和发展的前茅,先后被国家有关部委命名为:全国小康示范镇、中国最具发展优势的城镇、中国产业集群50强、中国乡镇综合实力500强等国家级荣誉称号。

② 陈桢修、李兰增等纂:民国《文安县志》卷一《土地部·方舆志》,1922年铅印本。

③ 吉庆堂—蔡家、留耕堂—王家、承启堂—王家、师竹堂—王家、笃庆堂—杨家、敬胜堂—王家、聚兴堂—张家、清太堂—牛家。

④ 老五:《睹今思昔话胜芳》,《霸州市文史资料》第一辑,第85—107页。

随着民国的建立，城市化进程的加快，"八大家"早在七七事变前就已经离开了胜芳，移居到大城市里发展事业，如："笃庆堂"杨家和"吉庆堂"蔡家移居到了天津；"留耕堂"王家去了上海，一般继续经营他们熟悉的商业，也有的投资开工厂，如蔡家在天津就有"万盛斗行"一直坚持到新中国成立后公私合营。他们在胜芳镇内的产业和土地都留给管家（当地称为"二地东"）打理。但是很重要的一条，就是土地的所有制并没有被改变。与中国北方地区的其他城镇不一样的是，胜芳的土地主要是苇地（当地称"草地"），而不是耕地。"七七事变"前，胜芳90%的土地集中在蔡家、杨家等大地主手里，据说当时的"笃庆堂"杨家有草地（苇地）四千顷。由于当地盛产芦苇，胜芳镇上的平民家庭几乎家家户户都编织苇席，无地或是少地农民每天靠为地主家打短工或捕鱼为生。据齐俊海回忆："当时做一天短工的日工资为100个铜板"，"那时候棒子面30个铜板一斤，打一天短工能挣三斤多棒子面"。①

　　1927年北伐战争末期，国民党军和北洋军在廊坊地区展开激战，导致廊坊地区政治秩序崩溃，匪患炽烈。九一八事变后，胜芳镇周边土匪更加猖狂，当地人甚至称之为"某某部队"，如胜芳北堂二里镇杨治国领头的"杨部队"。相对于周边来说，胜

---

① 齐俊海口述，王晟记录，2008年1月。

芳是一个经济高地，也成为这些土匪抢掠的第一目标。据邢宝田介绍，1934年这些土匪猖狂到在白天就闯入胜芳镇居民家中，进行绑票活动，一个白天就抢掠了七家。无奈之下的胜芳镇乡绅一边组织商会自卫，一边去省城请求军队来驻扎。

据调查，当时胜芳商会正副会长戈福声、薛文彬、刘景泉、蔡仰曾、王鹤声、张紫等开会商讨组织一支自卫武装，维护地方治安。大家一致同意筹款买枪组织自卫队，会上推选张星垣任自卫队教练，由警察分所巡长王祝清召集保卫团的20余人组成小分队。而后，在此基础上，继续招募队员、购置枪支弹药，扩充组织编制，并很快由20余人发展到500人，编成三个连队。这支自卫武装对外称"胜芳自卫团"。同时，全镇还有六个路（当时的建制）各自组织20～30人进行武装巡逻。由此，"胜芳镇区得到暂时的安全保护"。卢沟桥事变发生后，"为了维护地方秩序，胜芳镇商会和各路士绅接管了胜芳军政大权"。"全镇人民包括工、农、商、学、兵一起动员，有人出人，有钱出钱，有枪出枪，很快就在原来自卫队的基础上扩大兵源近千人，其中胜芳商户五百家就捐出枪支500多支，连渔民也拿起大抬杆（火枪）加入了抗战的行列，此外还在西城门、北城门扩建了炮台，架起了土炮。"1937年11月，胜芳商团正式编入河北人民抗日游击军第五路序列。同年12月，总指挥部授予胜芳商团部队番号为"河北人民抗日自卫军第五路第21支队"，任命戈福声为支队长、张星垣为参谋长，政治部主任蔡仰曾、第一营营长王祝清、第二营营长蔡九龄、手枪营营长刘景泉、武术营营长符子衡。① 由是，这支以抵御土匪而起的民间自卫武装正式加入抗日武装的洪流。

苏桥商团的兴起与归流与胜芳商团有些类似。苏桥是大清河沿岸的一个有名商镇、水旱码头，有数万居民和众多商户。在卢沟桥事变前，这里就成立了商团，有成员五六百人之多，商会会长邢荫堂兼任团长。1938年，该商团接受中国共产党的劝说，加入河北游击军第五路军。②

综上可见，廊坊以其优越的地理位置、相对较为发达的经济而在近代河北占有重要地位；但在国家势力所不及，而地方又有亟待秩序维护、治安管理等需求时，一些民间自卫武装便成为基层社会治理中的重要角色。但同时，若对这些基层社会组织无持续管理或正确而有效的引导，其在地方社会治理中的实际效果与最后走向，则极有可能成为接下来社会治理的对象，而非主体。

---

① 《红色印记·一直著名的抗日武装：胜芳商团》，微信公众号"武平乡音"，2023年7月5日。

② 高爱玲：《我的爷爷高士一》，微信公众号"人山报网"，2021年10月27日。

# 热河基层武装组织及其社会治理初探（1912—1933）

热河是旧中国行政区划之一，主要由今河北承德地区和内蒙古自治区、辽宁省的部分地区组成。早在远古时期，这里就留下了祖先的足迹。它正式成为行政区划是在清代：雍正元年（1723）设热河厅，乾隆四十三年（1778）改为承德府，嘉庆十五年（1810）设热河都统府。在第二次鸦片战争中，热河成了咸丰帝的避难所。民国初年，热河的行政区划曾沿用清朝旧制。1914年2月，民国政府设立热河特别区域，脱离直隶省直属于民国政府。1928年，国民政府正式将热河改为省，省会设在承德县（现承德市），主要由奉系军阀汤玉麟控制。1933年，日军入侵热河，汤玉麟消极抵抗，热河地区最终沦陷。在1912—1933年这段时间里，热河地区政局混乱，战事频仍，政治势力复杂，社会治安状况较为严重。在这种情况下，形形色色的武装组织遍地丛生，成为当时热河社会治理概况的一种体现。

目前，国内外学术界除团练、土匪等相关研究较为丰硕外，

## 热河基层武装组织及其社会治理初探（1912—1933）

对近代中国武装组织进行系统研究的成果不多，就近代热河地方武装进行正面研究的更是少见。① 本文将重点对1912—1933年这个时间段内热河地区的武装组织进行初步探讨，意在通过分析这些基层武装组织的性质及其在地方社会的表现，认识近代热河及其社会治理问题，也是增加对历史上河北的了解。

## 一、 近代热河的地理概况

要了解1912—1933年活跃在热河地区的基层武装组织，首先必须对滋生它的土壤——近代热河的自然地理、人文地理等情况有一定的了解。

热河地区地理位置特殊、战略位置十分重要，自古以来都是兵家必争之地。它地处长城外，北连内蒙古，东接辽宁，西邻察哈尔，是进入东北和内蒙古的枢纽，沟通关内外的咽喉。同时，它南邻京冀，也是拱卫京师的重要战略缓冲地带。境内地形大多以山地为主，主要有燕山、大青山、努鲁尔虎山脉等；

---

① 拙著《河北省地方保卫团研究（1901—1937）》在地域范围上主要限于北京以南的近代河北地区。从京津冀协同发展角度来说，对近代历史上的张家口、承德地区进行深入了解是很有必要的。希望本文能稍弥补这一不足。

/ 179

其主要水系包括滦河、辽河、大凌河等河流。"热河"之名源自避暑山庄内的温泉，传说温泉水流入武烈河后，下游河水在寒冷的冬季也不会结冰，所以被称为"热"河。

热河地区的气候类型为温带大陆性季风气候，具有光照充足，四季分明，雨热同期和局部气候差异明显的特点。春季风多干旱，夏季温高雨多，秋季风少干爽，冬季雪少寒冷，昼夜温差较大。农业气候灾害以干旱为主，也有发生水灾、虫灾、霜冻、风灾、雹灾等。受境内地形和气候的影响，热河人均耕地面积不高，有些县乡的经济形态以农林牧业相结合为主。这里的粮食作物主要是玉米、谷子、高粱、水稻、小麦、大豆、小杂粮等，多数农作物为一年一熟。民国时期，这里大量种植罂粟。据《承德县志》记载："1913 年，热河都统姜桂题，允许种罂粟。1923 年，撤销禁烟、强迫农民种罂粟。"① 到 1928 年，整个热河省的罂粟种植面积已达 100 万亩②，烟毒给热河人民带去的危害与痛苦堪称一幕历史悲剧。

热河境内居民以汉族为主，还有满族、蒙古族、回族等少数民族。在这样一个多民族杂居的地区，其民风、民俗也呈现

---

① 李欣等主编：《承德县志》，内蒙古科学技术出版社，1998 年，第 11—12 页。
② 朝阳史志网：《朝阳民众的抗捐抗税斗争》，网址：http://www.cyszw.com/dsyj/6.asp? id3 =7&id4 =2&id5 =

出多元的色彩。据《承德县民族风俗习惯表》载:"承德县民多朴厚,务本业,勤农事。近年风气渐浮,糜本业,荒农事惰。"①据《热河公署档》记载:"赤峰风俗质朴,人民务正业,戒游惰,习于勤俭,无淫逸奢靡之习。民情淳厚,畏罪远邪,接物以诚,不喜巧说繁文。"②据朝阳县教育局造送地方历史表(1931年)载:"僻处山野,人民强悍好武,至婚丧等习惯汉蒙各异。"③伴随中国近代化脚步的加速,清末以降人口流动频繁、不同民族之间的文化融合加速。正如《承德县民族风俗习惯表》所说:"以各族之同化,风俗习惯亦相率渐趋一致矣。"④大体来说,近代热河地区的居民大多勤劳、朴素,并崇尚武力。

总之,热河是个具有特殊的地理位置,拥有多山的地形以及多民族杂居、居民崇尚武力等特点的地区。这一复杂的、独特的水土是近代热河基层武装组织滋生的土壤。

---

① 辽宁省档案馆:《编修地方志档案选编》,辽沈书社,1983年,第434页。
② 同上书,第406页。
③ 同上书,第425页。
④ 同上书,第435页。

## 二、近代热河基层武装组织概况及其在社会治理中的貌相（1912—1933）

从 1912 年民国建立，到 1933 年热河沦陷，热河地区先后经历了军阀混战时期和汤玉麟统治时期。在这 20 多年的时间里，热河地区的政局动荡，战事繁多，政治势力复杂，社会经济落后，人民生活苦不堪言，社会治安状况空前严重。然而，此时的国家和政府均无力对其提供足够的安全保障。在这种情况下，各种武装组织在基层社会应势而生。

如果从与国家、地方政府的关系来说，这一时期的基层武装组织大体可以分为两类：被国家、地方政府所认可的，当地多统称之为"民团"的武装组织；与当时政府相对抗的武装组织，如会道门、土匪与民众抗捐武装等。如果联系当时的社会治理功能，这些武装组织的表现又不似其与国家、地方政府的关系那般简单。

热河基层武装组织及其社会治理初探(1912—1933)

## (一) 民团

民团是一个宽泛的概念,目前学术界还没有一个明确的定义。① 在这里,它指的是被国家认可的、合法的(或有正当名分的)地方武装。其主要职能是协助官方治理体系,维护地方治安,防卫一方。其中包括抵御外来武装力量的侵扰,也因受当时国民党当局统治影响而兼有防范农民叛乱等职能。

从1912年到1933年,热河民团的发展主要经历了两个阶段:第一个阶段是1912—1914年。热河地区的民团多沿用晚清时期的旧制,属地方自发组建,其形式也类似于清末的团(乡)练。第二个阶段是1914—1933年。1914年5月20日,北洋政府颁布《地方保卫团条例》,规定"凡各县未设警察地方,得设立保卫团;各县知事按条例将原有之乡团、保甲进行'切实整

---

① 如:谢贵平在《民国时期的山东匪患与民众自卫(1911—1930)》《近代山东民团研究(1911—1930)》提出:"民团是指由传统团练演变而来,自上而下在官府倡导之下,由地方乡绅和有产者等地方人士领衔组建的不脱离生产,寓兵于农的半官方、半军事,助官御匪的民众自卫武装组织。"黎志辉认为:"民团泛指在地方自卫名义下建立的、一般有团局作为管理机构的准军事化社会控制组织。"(详见其作《二三十年代的中国共产党和民团》)陈明芝认为:"民团是指继承了传统的武装组织形式,在官方的倡导或默许之下,由政府创办或交于地方士绅办理,或直接由地方群众自行创办,一般不脱离生产的准军事化的地方武装组织。"[详见其作《滨州民团研究(1912—1949)》]

理',改编为保卫团"。① 自此,国家对热河民团开始进行干预,即将原有的各种形式、名目的地方武装统一纳入官府设计的航道。1929年7月,南京国民政府也颁布了《县保卫团法》,对各地方保卫团的编制、训练、任务、奖惩、经费等,做出了详细的规定。但是,热河各级地方官员对上级政府的政令积极或消极执行的态度不同,以及对当地匪患严重程度和治安状况认识不一,这期间热河地区的民团建立和前后的改组都没有统一的时间、统一的方式。不同县区、不同时期的民团有着不同的名称,其特征也略有不同。粗略地讲,1912—1933年热河民团主要有以下几个特点:

第一,从组织形式上看,此时的热河民团并没有统一的标准。有的县区的民团在组建初期依然是保甲制的衍生品。如围场县在最初组建民团之时,曾设七区二十五乡,以区为单位,共编七个团。团以下还设保,保下有甲。到了1922年,该县又成立了清乡保甲团,仍以区建团,并沿用保甲制,保设保董,甲设甲长。1925年,清乡保卫团改为清乡保甲团,其组织形式变为区、乡二级。② 有的县民团在组织伊始就是县、区(乡)

---

① 蔡鸿源主编:《民国法规集成》第13册,黄山书社,1999年,第258页。
② 围场满族蒙古族自治县志编纂委员会编:《围场县志(稿)》第五册《军事编》,出版情况不详(内部发行),第3—4页。

二级，这些民团组织成立的时间一般都比较晚，如，凌源县在1927年11月成立乡练，分别驻扎在全县六个区内。① 建平县在1930年设立自卫团，全县划分为5个自治区，在县里设立自卫团大队，区设保卫团。② 朝阳县的保卫队也分为守卫队、游击队、自卫队三种。其中前两者县属于县级民团，后者属于区级民团。③

第二，从团丁来源上看，各县不尽相同。有的县是招收雇佣，如承德县的自卫团采用的就是这种办法。围场县的民团、清乡保卫团、清乡保甲团、团练等团丁均为雇佣招募兵员。有的县是采用抽调的办法，如朝阳县在民国初年组建民团的时候，就是采用从民众中抽调甲丁的办法。然而，即便同是抽调，在不同的时期，其方式也有所不同，直到1932年日军压境的时刻，热河省才统一颁布了《热河省保安司令部组织章程》，规定"男丁年20岁以上，50岁以下不分种族界限，都应参加保卫队"。④ 这时的抽丁方式虽属于应急措施，但具有一定的强制性和统一性。

---

① 凌源县志编纂委员会编：《凌源县志》，辽宁古籍出版社，1995年，第485页。
② 建平县志编纂委员会编：《建平县志》，辽海出版社，1998年，第751页。
③ 朝阳县地方志编纂委员会编：《朝阳县志》，辽宁民族出版社，2003年，第562页。
④ 同上。

第三，从各县县志的记载来看，这一时期热河民团的装备没有统一的制式，不同地区的民团，其装备也各不相同。如，经棚县在1924年组建保甲自卫民团时，其团丁的装备是毛瑟枪。承德县自卫团的装备主要是步枪、手枪和少量马匹；而朝阳县保卫队的装备主要以长枪、大刀、木棒、快枪、洋炮、抬杆为主。由此可以看出，这一时间段热河地区的民团装备比较杂乱，多较落后，从冷兵器到热兵器无所不有。武器装备是衡量一支武装力量战斗力强弱的重要指标，杂乱落后的武器装备直接影响了热河民团的战斗力。

第四，热河民团的经费主要源于地方，但具体方式不一。每一支民团武装组织一经建立，甚或筹建之前，都需要筹措活动经费。热河民团的经费一般由地方自筹，其主要来源就是地方摊派。如，围场县清乡保卫团的开销款项、枪支均按地亩摊派；建平县乡练的经费是在全县耕地中每100亩征收银大洋1块。①

总之，1912—1933年的热河民团受到了国家的干预，但这种控制是不完全的。辛亥革命后不久，袁世凯夺取了中央政权。此时，北洋政府所面临的最大难题是政局不稳、地方武装组织丛生。为巩固其统治，袁世凯试图统一各种武装组织，将之控

---

① 建平县志编纂委员会编：《建平县志》，辽海出版社，1998年，第751页。

制在自己手中,并以设立保卫团的形式建立维持地方治安的基层控制机制。为此,北洋政府制定了《地方保卫团条例》,以法律条文的形式将组织地方保卫团作为一项强制性措施,即各地或从无到有地设立保卫团,或将原各地方武装整合为由政府控制的武装组织。后来,南京国民政府为加强对地方武装的控制也颁布了《县保卫团法》。这些法令在热河地区得到了一定程度的贯彻,一些县区遵从国家的法令建立了一些民团武装。如1926年5月围场县成立地方乡练,县设乡练总局,总局长由县长兼任。1928年12月,林西县成立保甲团,县长兼任总团长。从上述表象上看,国家已经开始尝试对这一时期的热河民团进行干预和控制,一些县级的官吏在名义上也成了民团的领导者,但实际上并没有达到预期的效果。这是因为,从1912—1933年,热河长期处于混乱的状态,军阀混战,政局动荡,地方势力较为强大,袁世凯等历届中央政府对热河并不能施以完全控制,所以其对热河地区民团的控制力也是比较弱小的。而且,民团大都由晚清的乡练转化而来,还保留着一些封建的烙印,士绅阶层对其控制力依然很大。有时,民团还会成为地方政治势力加强自身统治的工具,如1925年9月,经棚县的保甲自卫民团就曾被编入奉系石文华部,变成了奉系军阀直接掌控的正规军。

但无论如何,1912—1933年间热河民团组建的初衷主要就是为了抵御土匪、加强地方治安。这种应势而生的民团不仅获得了国家的默许,更为普通百姓所拥护和支持。如 1913 年外蒙叛军在沙俄的支持下发动叛乱,热河地区遭到了内外蒙古反动王公率领的叛军的威胁,而当时热河驻防军只有 6000 余人,处于明显劣势。时任热河都统的熊希龄审时度势,将起草的《热河全境团练章程》发至热河各县及蒙古各旗,令其着手创办民团。他还专门设立了"热河全境团练筹建处",并且用民间的集资替民团购置了一万多枝毛瑟枪。①

实际上,热河地区的民团在保卫地方、防御土匪方面也的确起到了一定的积极作用。如,1932 年惯匪刘桂棠进攻围场,驻军石文华旅和富春旅完全有能力抵御刘匪的进攻,但他们只是令一个团长守卫围场镇,协同县政府组织商团七个队(实为三个队),来加强县城的防卫。且驻军与刘匪交手之后,双方却相互勾结,并不真正交战。在这种情况下,围场各区团英勇参战,保家自卫。如半截塔保甲队以仅有的 150 余人的队伍,在区团长阎子枕、队长白宪卿的带领下,阻匪进入半截塔;五区区团长隋振川也带队参加了对刘匪的战斗。一区区团长阎治良、二区区团长杜祥五、四区区团长张鹤年都做好了打仗的准备。②

---

① 宋钻友:《熊希龄与热河蒙防》,《史林》1993 年第 3 期。
② 承德市政协文史资料委员会编:《承德文史文库》卷四,中国文史出版社,1998 年,第 106—108 页。

但同时，1912—1933年间的热河民团作为地方保甲制度的衍生品，代表的终究是地主阶级的利益。当时热河许多民团的经费主要由地方平摊，这些经费往往都摊到了普通老百姓的头上，加重了对劳动人民的盘剥和搜刮，使得广大百姓遭受民团沉重的剥削和纷扰，激化了社会矛盾。另外，由于大部分民团的武器装备落后，其战斗力并不是十分强大，在与土匪战斗的时候，往往是十分被动的。同时，由于民团拥有一定的武器装备和兵源，因此它也很容易成为军阀剥夺、收编的对象。有时，民团也会成为镇压群众的工具。因此，总的来说，这一形式的武装组织在基层社会治理中的效能是有限的。

（二）异端武力

陈志让在《军绅政权》一书中，将19世纪军事化的组织分为"正统的"和"异端的"两类。其中，"正统的"组织主要有团练、勇和地方军；"异端的"包括党股、（盗）匪和村社武装。[①] 在此借用陈先生的"异端武力"一词来指代1912—1933年间热河地方社会中的那些会道门组织、土匪，也有一定道理。

在军阀混战和汤玉麟统治时期，热河地区的会道门组织和

---

[①] ［加］陈志让：《军绅政权——近代中国军阀时期》，三联书店，1980年，第76、187页。

土匪武装数量较多,它们都是在当时热河社会的制约影响下产生和发展起来的。同时,这些武装组织在当时的热河社会治理中扮演了复杂的角色。

1. 会道门组织

"会道门"是"会门"和"道门"的合称。其中,"道门"侧重于诵经拜神,制造和传播迷信邪说,迷信色彩极为浓厚。"会门"最初是以兵器种类命名的,有吞符念咒、练功习武等形式,也据地自保。经过长期发展,各类会、道、教、社大肆泛滥,混合生长,其组织名目多达数百种,多名、重名和改名的现象屡见不鲜。新中国建立后,其被统称为"会道门"。

热河地区的会道门兴起于清末。光绪十七年(1891),热河境内爆发了由金丹教和在理教组织的大起义,当时名噪一时。进入民国时期,境内混乱的局势再次为会道门组织的发展提供了条件。其中,平泉和赤峰的红枪会是热河境内一支比较典型的会道门武装组织。

红枪会早在清代就传入平泉,它是一个靠封建迷信聚集起来的农民武装组织,在表现上与他处的红枪会差别不大。① 如:一般以村落为单位进行组建,入会的会员一般不分民族、职业,但必须是成年男子,但要经过铺坛、画符、念咒、过砖、授法等程序;会员的标志是配红发带,发带斜背在身上,武器装备比较落后,主要是红缨枪、大刀等;红枪会会员传言有"刀枪不入之功夫",但在作战前要吃符念咒,作战时只能向前冲杀、不能回头看。

热河红枪会是近代热河社会的产物。1912—1933 年间,热河地区兵患匪祸严重,政治腐败,武装自卫成为大多数民众的需求。但这些村民一般没有明确的政治主张,多只认"心要诚,练好刀枪不入本领,能保家护院、打土匪,顶门立户过日子;只要大家一心,贪官污吏、兵匪都不敢欺侮……"。在这样的认知和急切的自卫需求前,红枪会的宣扬无疑是很有诱惑力的。

---

① 倪侃在《略论国民革命中的红枪会运动》(《宁夏社会科学》2002 年第 4 期)中有介绍:"红枪会组织较为严密,形成了纵横交错的网络。红枪会以村为单位……红枪会有着较严明的纪律。其规约有四条:'不得奸淫妇女;不得抢劫财物;不准杀人放火;不准毁骂神佛。'……红枪会还有着严格的入会仪式。习红会入门,称'上学'。上学前需戒斋沐浴,在师傅的带领下进入佛堂,赤身跪于佛前先拜佛,后拜师……红枪会具有浓厚的封建迷信色彩。上阵作战时,怀着'吃符念咒,刀枪不入'的信念,勇往直前。"王天奖在《也谈本世纪 20 年代的枪会运动》(《近代史研究》1997 年第 5 期)中也提道:"不管何色枪会,多以其所在村落为单位,一村自成一'学'(大村亦有两个或两个以上之'学'者),各'学'据'守望相助''联庄自卫'的原则,互相联络而互不统属,甚至'视同敌国'。"

到1931年前，平泉各乡加入红枪会的人数就已经多达万余。①从县志记载来看，当时红枪会的存在对加强乡村自卫、防御兵匪还是起到了一定的积极作用的。如据《宁城县志》记载："1932年驿马吐川的红枪会于平顶山刺杀水泉梁惯匪关老五及其子关允福，为民除了一大害。1933年黑里河的黄枪会打散了唐七点匪帮。"②

红枪会带有秘密结社的性质，它在对抗土匪的同时，有时也将斗争的矛头指向官府和军队，抗粮抗捐。如，据《赤峰军事志》记载："1926年，奉军刘汉杰部进驻经棚。该部借催讨粮草之机，对广大农牧民进行百般勒索，奸淫抢掠，无所不为，百姓怨声载道。为此，1926年4月，居住在西拉沐沦河南德里板的地主宋均组织红枪会，请来了红枪会传道师赵风岚、赵华扬、黑佛等设坛传道，并提出了'抗粮抗捐，反对兵匪'的口号。经棚县政府曾派员要求其解散，红枪会不从，并与奉军屡屡发生冲突。1927年11月，红枪会打着'不反官府，只反刘旅'的旗号，两次进攻经棚县城。"③ 其进攻虽然最后失败了，

---

① 承德市政协文史资料委员会编：《承德文史文库》卷四，中国文史出版社，1998年，第24—25页。

② 宁城县志编纂委员会编：《宁城县志》，内蒙古人民出版社，1992年，第350页。

③ 《赤峰军事志》编纂委员会编：《赤峰军事志》，内蒙古人民出版社，1992年，第411—412页。

但是在很大程度上震慑了官府和奉军。同样的情况还可见《宁城县志》记载："1933年，一肯中的田宗歧、陈国均红枪会砸了一肯中等地的'税卡子'，以抗捐抗税。"①

也正因红枪会的反官府性而被当时地方政府视为"异端"。对此，当时热河省政府及各县公署主要采取软硬兼施的方法进行拉拢，并颁发解散文告，千方百计地予以取缔。但我们应该看出，热河地区的红枪会之所以反抗官府，是与当时热河社会战乱频仍，兵匪横行，苛政如虎，政治黑暗息息相关的。无论是防匪，还是进攻官府，都是当时乡民为了求生而使用的一种暴力方式而已。

2. 土匪

近代历史上的热河是个匪祸丛生的地方。在那里，土匪多如牛毛，大股从数百人到数千人，小股的有数十人、几个人。他们或拦路抢劫商旅行人，或聚众砸抢村镇店铺，破坏性极大。在热河，土匪、鸦片、鼠疫被并称为"三害"。

热河地区匪祸纵横，与其地理环境有很大关系：首先，热河地区多密林大山，地旷人稀，既便于土匪活动，又便于土匪藏匿。一些散兵游勇、通缉案犯就以此地为避。尤其是坝上地区盛产马匹，为土匪活动提供了重要的交通工具。其次，土匪

---

① 宁城县志编纂委员会编：《宁城县志》，内蒙古人民出版社，1992年，第350页。

多活动在偏远地区,当时的行政管理鞭长莫及,无政府状态下的土匪活动更无所顾忌。第三,军阀混战时期,热河地区战争不断,一些破产的农民铤而走险,啸聚为匪。另外,每次战争后的散兵游勇也是土匪的重要来源。

1912—1933年,数百人至数千人以上的大股热河土匪有"荣三点"(宝振荣)、"白三阎王"(白凤翔)、"龙三点""巴尔扎布""信字轩"(李守信)、"许喀叭"等十多股。十几个至几十人的小股有"四木匠""黄司令""罗老耗子"、王文法、"王秃子"等百余股。大股土匪与小股土匪的活动特点略有不同。前者多以"喊项"来筹集钱粮,即以"下帖子"(书信)或"说项"(口头通知)的形式,告知某一财主或商家于某日把钱粮若干送到指定地点,并附以"如不照办,将如何如何"等威胁语言。一般被"喊项"的对象都不敢违抗。如"荣三点"在"喊"丰宁偏道子大地主田功茂的"项"后,田一次就送去了18辆牛车大洋和粮食。① 但是,除了使用这种方式获得钱财外,大股土匪有时也直接进行武力洗劫。如1925年1月4日夜,"白三阎王"率匪徒三四百人,抢劫了围场县城,抓走县

---

① 承德市政协文史资料委员会编:《承德文史文库》卷四,中国文史出版社,1998年,第97页。

知事黄仕祥等人,成为当时轰动热河全省的大案。① 与大股土匪相比,小股土匪则靠绑票、"砸明火""打劫杠子"等手段劫掠财物。"绑票"是把有钱人家的某一成员劫走作为人质,然后索价若干,让其家赎回,否则就"撕票"(将人质杀死);"砸明火"即入户用暴力公开抢劫。匪徒多以偏远山村单门独户为抢砸对象,进门先将家人"盘"(绑)起来,然后拷问存放财物之处,乱翻乱拿,无所不要。"打劫杠子"是匪徒在行人必经之路的偏僻处以暴力公开抢劫,对象多为客商。

1912—1933年的热河土匪可以分为"经济土匪"和"政治土匪"两类。经济土匪一般都没有政治倾向性,他们从事土匪活动只是抢夺钱粮,以保生计。政治土匪则带有政治倾向性,它们除了具有经济土匪所具有的特点之外,其活动往往带有一定的政治目的。上述的土匪中大部分都属于经济土匪,但也有一些属于政治土匪,其中较为典型的是巴尔扎布"蒙匪"。巴尔扎布是蒙古族人。1912年10月,蒙古哲布尊丹巴活佛派人兵分两路,大规模入侵内蒙古地区,巴尔扎布的"蒙匪"成为这伙叛匪中的主要力量。1912年、1913年、1916年,巴尔扎布连续三次率队攻打热河。尽管他本人在1916年10月8日在林西县城

---

① 承德市政协文史资料委员会编:《承德文史文库》卷四,中国文史出版社,1998年,第79页。

下被守军的火炮击毙,但是巴尔扎布的余党又在后来为祸热河十余年,直至1933年才被日军解散。

无论是政治土匪还是经济土匪,首先都对这一时期热河民众的人身和财产安全造成了极大的威胁,对地方社会秩序造成严重破坏,成为当地社会治理的一大问题暨前述各自卫武装的防御对象。如:1912年,巴尔扎布匪帮入侵热河,经棚、林东等地农牧民遭受匪帮抢掠蹂躏,十室九空,甚为凄惨。1923年1月23日,一股土匪洗劫丰宁县大阁镇,打死商民20名,重伤24名,绑去男女人票10名,抢夺骡子、毛驴120头,焚烧房屋118间。同年3月,"许喀叭"数百人,内外勾结,攻破开鲁县城,大肆抢掠,商民遭殃①。诸如此类,举不胜举。

(三) 临时性抗捐武装组织

1912—1933年,热河一带除上述两种武装外,还有其他一些临时性的武力团体,其中大多是由群众自发组织起来的抗捐武装。从其缘起与影响来说,也属于既为当时地方政府治理不当之果,而后成为官方社会治理对象;从另外一个角度看,他们也是民间社会自我治理的一种表现。

---

① 承德市政协文史资料委员会编:《承德文史文库》卷四,中国文史出版社,1998年,第72—99页。

苛捐杂税是热河军阀、官僚们对地方百姓惯常的敲诈勒索手段。以朝阳为例。民国初年，朝阳地区的征税机构就有捐税局、粮秣处、公安保甲等；尔后又增加了烟酒事务分局、卷烟西户分局、硝磺分局、驮捐分局、经界局、印花局、盐务局等等。这些机构往往是巧立名目，捐税之名多如牛毛。如：地亩捐、附加亩捐、商捐、摊捐、房捐、石灰捐、纱绢、小肠捐、牲畜捐、屠宰捐、保甲粮、门牌税、印花税、羊毛税，等等。另外如修桥有桥捐，补路有路捐。除此之外还有名目繁多的军费、教育费附加等。这些数不胜数的税捐，构成了"农民一身而六、七捐，商户一物而七、八税"的局面。①

汤玉麟统治热河以后，更把捐税猛增到无以复加的程度。他先后开征了盐捐和大烟捐，其中尤以大烟捐为甚。民国初年热河曾一度采取禁烟政策，但当时一些贪官污吏以禁烟为名，行敲诈百姓之实。汤玉麟统治热河后，他一反禁烟规定，强迫群众种大烟。照其规定，不管收成如何，凡划为大烟地的，除按亩纳捐外，每亩还要征收大烟捐十六元，连不种大烟的人也要照常纳大烟捐。当时热河每年征收大烟捐达三千多万元，成为地方财政的主要收入，而这些钱财最后大都落入了汤玉麟的

---

① 黄风岐编：《朝阳史话》，辽宁人民出版社，1986年，第102页。

腰包。①

除了上述称之有名的捐税外,那些或过往、或驻防的官兵,都要向百姓征草征料,要米要面,百姓更是应接不暇,苦不堪言。在这种"官兵如麻,兵匪难分"的情况下,群众只有联合起来,进行抗捐。在这一时间段内较为典型的抗捐斗争就是朝阳的抗捐斗争,如侯文广抗捐斗争(1915年)、赵振铎抗捐斗争(1916年)、高振英武装抗捐(1916年)、张岐恒八年抗捐(1922年—1930年)等。② 在这些抗捐斗争过程中,一些抗捐武装组织纷纷建立起来。大体来看,这些武装组织主要有以下几个特点:

第一,大都是由当地群众自发组织,在活动过程中推举一个或若干个在当地有一定社会威望的人作为领导。如侯文广"平日仗义疏财,急人所难,在乡里颇有威望"。高振英"为人素怀仗义,好抱打不平,性格刚直,外号'高四棒子',深受乡里敬重"。张岐恒"为人刚正豪侠,重义气,好交际",等。

第二,这些抗捐武装组织虽然叫法不一,但一般都有一个明确的组织形式,且通过村庄联合、县县联合的方式,壮大其规模与声势。如在侯文广抗捐斗争中,各主要村镇都建立了联

---

① 黄风岐编:《朝阳史话》,辽宁人民出版社,1986年,第103页。
② 同上书,第102—118页。

庄会，抗捐队伍多达万人。赵振铎则联合二十多个村庄，创办了"清乡会"。张岐恒联合各联庄会成立了"保安总会"。

第三，由于这些武装多由群众自发组织，其武器大多来自民间，其装备即显得有些杂乱，也比较落后。如侯文广抗捐斗争时群众使用的武器主要有"洋枪、火炮、柳木炮、抬杆、大刀、长矛、木棒"。张岐恒的保安总会最初有会员五千人，但也只有火枪两千支而已。

第四，这些武装除抗捐外并没有其他较为明确的政治主张。如，赵振铎的清乡会的宗旨是："抗苛捐杂税，打贪官污吏，击捕盗匪，建立户籍，蓄粮备菜。"张岐恒的保安总会的宗旨是："打击贪官，除暴安良，剪除匪患，以求民安。"从他们的宗旨中可以看出，这些武装的根本目的还是为了维护自身的安全，它所抗击的也只是某一个贪官，所反对的也只是苛捐杂税这种现象，还没有直接提出要推翻军阀统治的要求。

第五，这些武装一般都是临时组建，并随着形势的变化而骤然消散。如上述朝阳地区的武力抗捐斗争最终都以失败而告终，各联庄会等武装也在活动后不久被解散。

总之，这些由群众自发组建的武装抗捐组织与前述的会道门、土匪等"异端"，除在对待官府态度层面有些类似外，在其他方面很不相同。从民间社会治理角度来说，他们有些类似于民团的防匪自卫，但又不被允许在官方治理体系中。他们可以说是官方各合法武装无法提供安全保障时的产物,在某种程度上有些官逼民反的味道。但除了武力自卫之外,他们没有什么其他的政治主张和活动。即,如果其活动算是一种社会治理问题的话,官府是可以将这种问题弱化到最小状态,或彻底解决的。

在当时,这些武装组织及其活动在地方社会中的表现与影响是不容忽视的。首先,声势浩大的抗捐斗争不仅显示了朝阳人民不畏强暴、勇于斗争的精神,它还在一定程度上打击了当时军阀的统治,对那些贪官污吏起到了震慑作用。如,侯文广的联庄会在抗捐斗争中曾三次击败建平知事高子瞻率领的官军;张岐恒的抗捐斗争也坚持了长达八年之久。据《建昌县志》记载:"1928年3月23日,张岐恒、姜玉堂、贺荣九等带领11牌联庄会员600余人到黑山科盐务督销局,击毙民愤极大的陈缉私。1929年6月,张岐恒带联庄会去喇嘛洞一带抗捐,共砸毁8个征收税卡,烧毁郝奎臣的房子,迫使官绅宫璧忱认罪。"① 1930年,张岐恒等率农民武装还在凌源县南杜家窝铺大败汤玉麟的东北军。张岐恒抗捐斗争,就其规模之大,范围之广,连

---

① 建昌县志编纂委员会办公室编:《建昌县志》,辽宁大学出版社,1992年,第8页。

汤玉麟本人也承认："民国以来所罕见。"① 再者，这些临时性的武装组织除反抗官府的苛捐杂税外，它们在维持治安、防御土匪方面也发挥了一定的积极作用。如据《建昌县志》记载："1932年，土匪'老耗子'聚众攻打凌南县城，民众自发组织联庄会，维持地方治安。冰沟、汤头沟、黑山科、纱帽山4牌公举彭临庆为会首，领几百人，保卫附近村庄、集市和庙会。曾到凌南县城攻打'老耗子''巴狗子'等匪团。"② 需要强调指出的是，这些抗捐武装组织言称代表"群众"的利益，但这里的"群众"不仅包括农民阶级，还有一些地主士绅和工商业者等。

## 三、结语

1933年3月，日军侵占热河，汤玉麟在热河的统治结束。上述各种基层武装组织随之迅速出现分化，有的逐渐消亡，淡出了历史舞台，有的则承担起了新的历史使命。但我们今天在

---

① 朝阳史志网：《朝阳民众的抗捐抗税斗争》，网址：http://www.cyszw.com/dsyj/6.asp?id3=7&id4=2&id5=。
② 建昌县志编纂委员会办公室编：《建昌县志》，辽宁大学出版社，1992年，第505页。

回顾历史时,不能忽视其曾经的存在。

从1912年中华民国建立到1933年热河沦陷的20多年时间里,在热河地方社会存有形形色色的基层武装组织。其中,既有为国家所承认或倡导的民团,也有一些异端武力如土匪和封建会道门组织等,还有一些完全由群众自发组建的临时性的抗捐组织等。可以说,这些基层武装组织是近代热河社会治理问题的缩影。

一方面,1912—1933年的热河地区政局动荡,治安混乱,而国家与地方政府无法为民众的安危提供保障,甚至制造了更多的社会治理问题。在这种情况下,一些基层武装组织应势而生。这些武装组织名号不一、宗旨也不尽相同,但在自卫这一点上十分相似。如民团的出现是为了防御兵匪的袭扰,维护地方治安。红枪会虽然具有秘密会社的性质,但同时也具有农民自卫的色彩。受当时热河地区战乱和经济落后的影响,一些农民为了维持生计而落草为匪,一些散兵游勇也加入匪队,使匪患日趋严重。抗捐武装的出现,主要是民众对当时军阀黑暗统治的反抗。总之,从某种程度上说,无论是民团武装,还是会道门组织和土匪武装,还是群众抗捐武装,他们的出现都是当时热河各阶层求"生存"的表现,是近代热河社会矛盾、阶级矛盾的集中表现,属于近代热河地方社会治理问题的累积或畸形表达。其表达形式、发展状况受当时热河地区政治、军事、经济、历史等因素的影响与制约，或有"正统"之名，或为"异端"，或长时间存在或临聚时散。

从另一方面看，这些武装组织的存在也是当时地方社会治理中应注意且需解决的问题。在官方就其处理不及或解决不当时，这些基层武装组织的存在，就对近代热河社会产生深远影响。一个安定有序的国家，需要有完整的领土和主权，需要有一个统一的政府、一个由中央领导的坚强有力的社会治理体系。但是，在近代中国，在近代热河，没有稳定的政治局面和安定的社会秩序。这一时期的热河地区对于中央政府来说属于权力的"真空地带"，其形势与前清时的严密控制已不可同日而语。尤其在北洋军阀统治时期，各种政治势力都极力争夺热河这一战略要地。直系、奉系、国民军都曾染指热河；国民政府建立后，热河又在汤玉麟的统治下成为汤家的"小朝廷"。在这种环境下兴起的不同的地方武装，代表了不同的阶级和团体的利益。而这些不同阶级之间的利益争夺又多是依靠武力解决，即直接体现在形形色色的地方武装争斗之中。

如民团代表了当时一些新兴的士绅阶层的利益，属于当时地方权力结构的重要组成部分，并且逐渐成为抵制国家权力向地方延伸的工具。国家曾试图对热河地方民团进行干预，以加强对地方的控制，但是从实际实施效果来看并不理想。国家没有办法保证其服从政府的调遣和指挥，也没有经费去为这些实力强弱不一的地方武装充实枪械和统一服装,更没有养活这些武装人员的钱粮。从土匪武装上来看,尽管这一时期土匪武装大多数属于经济土匪,但土匪的烧杀抢掠,危害了群众的安全,严重扰乱了当时热河的社会治安,破坏了热河地区的生产力。尤其需要指出的是,此时热河地区土匪的显著特点就是兵匪不分:土匪与官府、军队相勾结,官匪一家,形成了一种彼此依赖和相互利用的特殊关系。有不少土匪,时而是抢人的"响马",时而是护院的"炮手",时而又成了站岗放哨的官兵。当时丰宁县长窦懋芳就曾在向热河省政府民政厅呈报的报告中指出:"窃查丰宁自直奉战争以后,屡有大军云集,军队愈多盗匪愈众……其间,军至匪窜,军返匪来……"① 而作为剿匪的武装组织,有时却并不能发挥其维持地方治安作用。1932年4月14日,丰宁难民代表陈致中在给汤玉麟的信中就曾提道:"以保安队剿匪不如不剿……(保安队)在丰隆交界处遇(小和字)大股三百余,同行半日,并未开火,各分南北而去……"② 无论是驻防官兵,还是地方民团武装,他们的纵容使匪患更加猖獗,土匪对热河社会的危害也就越大。对于会道门和抗捐武装来说,

---

① 承德市政协文史资料委员会编:《承德文史文库》卷四,中国文史出版社,1998年,第73页。
② 同上书,第96页。

其并不单单代表农民阶级的利益,在一定程度上也代表了地主士绅和工商业者的利益,毕竟兵匪之祸伤害的不只是农民,地主和工商业者也在被抢劫之列;政府不只是去收农民的捐,地主、工商业者也要交捐纳税。他们组建会道门组织和抗捐武装,并不是为了达到某种政治目的,其反抗大都是为了争取自己生存的权利而已。在兵匪横行,战乱频仍,政治黑暗的情况下,无论是农民,还是地主士绅、工商业者,他们的生命和财产安全已经无法得到保障,唯有通过组建武装,与当时的军阀、土匪等进行对抗,才能保证自身最基本的生存权利。

可以说,各地方武装的存在不仅使中央政府在地方上的权力更加弱化,也加剧了地方的分裂和社会的分化,使热河的社会治理问题更加严重并严重阻碍了热河社会的进步。近代热河的这些历史,在我们推动京津冀协同发展的今天,是应该了解的。

## "山北社"已有书写述论
## ——兼考《中国近代史资料丛刊·北洋军阀（1912—1928）》史料若干

笔者近期在围绕课题"近代河北基层社会组织与地方治理"查找相关资料时发现：山北社是民国初年在京畿一带颇有影响的一个基层社会组织。《辞海》等工具书有单设条目介绍，方志等地方文献和一些学术性著述中有所涉及，章伯锋、李宗一主编的《中国近代史资料丛刊·北洋军阀（1912—1928）》（简称"章本《北洋军阀》"）也在相关章节下汇集了山北社的一些资料。但在学界这些已有相关成果中，关于山北社的起源、性质、相关活动记录及其影响分析等基本问题的书写，说法相差较大。笔者在此不揣鄙陋，对目前所能查到的相关书写进行梳理、分析、比较，希望能在相关考论中厘清一些史实，借以加深对民初京畿地方社会的认识。同时，兼对《中国近代史资料丛刊·北洋军阀（1912—1928）》中关于"山北社"的若干史料进行考证。不当之处，敬请方家指出。

截至目前,学界对"山北社"的已有书写大概可以分为:《辞海》等工具书的关注、方志等地方文献的记述,和资料汇编、学术论著对山北社史料的已有整理与述论。

# 一、《辞海》等工具书对"山北社"的关注

辞(词)典等工具书是专供查找知识信息的文献。其中,《辞海》作为截至目前我国唯一以字带词,集字典、语文词典和百科词典主要功能于一体的大型综合性辞书,自首版问世以来就一直在众人心目中有着极其重要的地位与认可度。1915年,中国教育家、出版家、中华书局创办人陆费逵动议时,即与中华书局总编辑范源廉、《中华大字典》主编徐元诰商讨《辞海》收录词条范围等事项。1928年终由舒新城主持编纂工作时,定以美国《韦氏大词典》为参,即:旧籍中常见的词类、历史上重要的名物制度、流行较广的新词、行文时常用的成语故典、社会上农工商各业之重要用语、行文时常用的古今地名、最重要的名人名著以及科学文艺上常见常用的术语等。1936年面世的首版《辞海》收总条目数85803个、单字条目13955个、多字条目中的语词条目21724个、百科条目50124个。在接下来的

几十年中,《辞海》历经几次修订且每次修订都吐故纳新、修订错误,其中的词目收录随时代变迁而有所变化,因而有"历史和时代的档案馆、大事记和里程碑"之誉。2020年9月正式出版的第七版《辞海》包含词条13万条、2350万字,对超75%的原有词条都进行了修订。① 据查,在已有的七版《辞海》中,除第一版外其余六版都录有"山北社"词条,其文字书写大同小异。如,1980年版《辞海·历史分册·中国近代史》的记述为:

> 1916年直隶易县(今属河北)山北村为反对袁世凯清丈土地和加捐加税的政策,组成山北社。5月借演戏为名,聚众千余人冲入县署捉拿县知事,准备押送北京去控告。达到涿县时,各县农民参加者达二十万人。袁世凯见农民声势浩大,被迫派绅士调解,允许暂缓清丈和加捐。②

1999年版普及本《辞海》(中)关于"山北社"的描述是:

---

① 颜维琦、韩寒:《百年〈辞海〉更新第七版,留下历史和时代足迹》,《光明日报》2020年8月14日,第1版。
② 《辞海·历史分册·中国近代史》,上海辞书出版社,1980年,第108页。

民国初年直隶（今河北）农民反清丈土地和加捐加税斗争的组织。1914年袁世凯政府决定实行"清丈地亩"，官吏地主借机搜刮，激起各地农民反抗。1916年易县山北村农民组成山北社。5月借演戏为名，聚众千余人冲入县署捉拿县知事，押送北京去控告。到达涿县（今涿州）时，各县农民参加者达二十万人。袁世凯见农民声势浩大，被迫下令暂缓清丈和加捐。①

2020年第七版《辞海》对词条"山北社"的解释是：

　　民国初年直隶（今河北）农民反清丈土地和加捐加税斗争的组织。1914年北洋政府决定实行"清丈地亩"，官吏地主借机搜刮，激起农民反抗。1916年易县山北村农民组成山北社。5月借演戏为名，聚众千余人冲入县署捉拿县知事，押送北京控告。到达涿县（今涿州）时，各县农民参加者达20万人。袁世凯见农民声势浩大，被迫下令暂缓清丈和加捐。②

---

① 《辞海》（中），上海辞书出版社，1999年普及本，第2217—2218页。
② 《辞海》第七版（网络版）：https://www.cihai.com.cn/detail?q=%E5%B1%B1%E5%8C%97%E7%A4%BE&docId=5500221&docLibId=72。

将这几个版本相比不难发现，除时间、数字的表述方式不同，与对袁世凯及当时主掌的中央政府的称谓稍有差异外，三者在山北社缘起、反官府加税斗争及其结果的描述上基本一致。

陈旭麓、方诗铭、魏建猷主编的《中国近代史辞典》，王进、杨江华主编的《中国党派社团辞典》等工具书，也收录并解释了"山北社"这一词条。前者所述除《辞海》所及外，还提到绅士参与调解。

> 1916年直隶易县（今属河北）山北村为反对袁世凯清丈土地和加捐加税的政策，组成山北社。5月借演戏为名，聚众千余人冲入县署捉拿县知事，准备押送北京去控告。达到涿县时，各县农民参加者达二十万人。袁世凯见农民声势浩大，被迫派绅士调解，允许暂缓清丈和加捐。①

后者提道，"袁世凯死后，其活动仍在继续，直到同年8月间才渐渐停止"②。

《辞海》等工具书由学界权威、前辈负主编之责，其在社会

---

① 陈旭麓、方诗铭、魏建猷主编：《中国近代史词典》，上海辞书出版社，1982年，第29页。
② 王进、杨江华主编：《中国党派社团辞典》，中共党史资料出版社，1989年，第77页。

上的影响度、公信度也相对较大。这些已有描述使我们首先得知：山北社是民国初年出现于京畿地区的一个基层社会组织。同时，我们还可以总结得出下列基本信息：（1）这一组织的参加者主要为易县、涿州等京畿一带的农民；（2）这一组织出现及其活动的主要原因是袁世凯清丈土地和加捐加税，其"山北社"之名与易县的山北村有密切关系；（3）该组织的主要活动时间不长，基本是在1916年上半年期间；（4）该组织的反抗方式是冲入易县县署、押送县知事至京"去控告"，结果迫使袁世凯（政府）延缓清丈地亩和加捐。

## 二、方志等地方文献对山北社的记述

方志等是记录地方历史的基本文献。在易县、固安、涿州（昔称"涿县"）等几地的县志中，都有关于山北社的记载。在用墨上，易县志书记录最为详尽，《固安县志》次之，而后系《涿州志》。在内容上看，几者虽都述及山北社抗税，但就其缘起的说法与前述辞典等工具书的说法不同：只说到地方官员加收捐税，没提到袁世凯清丈土地之策之举。在细节性描述各自境内乡民抗捐时，几者在用词褒贬方面相差较大。

## (一) 《易县志》详述山北社

易县志书对山北社的记载着墨最多:"大事记"与"杂记志"中均有载。在这两处的记载中,受体例影响,或简或繁,但在前因后果的介绍中基本都是对山北社及其活动表示肯定。

其中,"大事记"篇先交代了抗税之举爆发的背景及原因:地方百姓清丈地亩而加捐加税之人祸再迭增蝗虫天灾之苦,而后有乡民抗税。"1914 年,尹宏庆任易县知事,本年开始清丈地亩,增加捐税。1915 年,易县闹蝗灾。1916 年 3 月 15 日,东八社乡民抗税。4 月 4 日,东八社乡民千余人集结于东城门外,将尹宏庆押往北京告状。"最后结果是双方各打三十大板:"尹宏庆被撤职,免除增税,抗税的头领被抓。"① 这里,对抗税之举的领事者没有直接用词"山北社",而是"东八社",但其后"军事志"篇章提到"1915 年,朱林带领东八社团众反丈量土地,抗花果税,砸警察局,曾受易州民众赞誉",而"朱林是东八社民团头领",东八社包括宋村社、山北社、东隅社、北城社、城东社、高陌社、沈村社、百福社。② 因此,可以推断"大

---

① 易县地方志编纂委员会编,主编陈瑞泉:《易县志》,中央编译出版社 2000 年,第 11 页。
② 同上书,第 275—276 页。由"建置篇"所列清顺治二年(1645)39 社村社表可见,此东八社皆在县城以东。

事记"所言"东八社乡民抗税"是对山北社抗税的宽泛说法。

"杂记志"部分,尽管以成勃、马永祥整理的"抗捐税挟知县赴京诉讼"为题①,且文中的"山北社"是村名,而非组织之称,但其就抗税前因后果的最详细记述,可以帮助理解何以后来以"山北社"来代称这一历史事件。如:易县县知事除了重新丈量土地、加收田赋外,还借机在境内收取不同名目的苛捐杂税,已引发众怨。"农民除按例交纳田赋外,卖水果要交花果税,春节宰猪要交割头税,这些苛捐杂税的增加,引起许多农民的不满和反抗。"1916年阴历三月十五,山北社村民为东斗城村农民姚姓叔侄在庙会上的遭遇抱打不平,随后因殴打收税人员而被县知事派人缉捕。"叔侄俩赶着几驮子杏干、桃干、梨干、柿饼等干鲜果品到庙会摆摊,还没出售就遇县税收员前来收税,往年庙会上卖东西不纳税,这年突然收税,群众无法接受。先是口角相争,后又动起手来。姚家叔侄与收税人员厮打起来。山北社的几名农民见状蜂拥而上,将收税人员饱打一顿。尹宏庆得知后,于二十日派人将姚及山北社数名帮手抓捕入狱。"由此,"山北社"开始成为矛盾斗争中的一个重要因子。而且,在"抓人这天,派去的警察借机掠夺财物,还打伤了妇

---

① 易县地方志编纂委员会编,陈瑞泉主编:《易县志》,中央编译出版社,2000年,第1142—1143页。

女"。虽有"东斗城村民闻讯后当即敲钟聚众追赶。警察狼狈逃窜,其中一个被农民打了一顿才放回县",但山北社与官方的矛盾进一步加剧。而后,"为了尽快救出被抓人员,抵制丈量地亩和增收杂税。山北社董以看戏为名,传邀三十八社的社董、村董到山北社寺卧山共商举事大计,大家决定动员全县人民,当面找尹宏庆辩理。如不取消苛捐杂税与丈量地亩,就挟尹进京打官司"。这时,山北社已成为活动的组织者、领导者。"阴历四月初五,东八社各村鸣锣集众,其他各社村民积极响应。大队人马在易州东城门外聚集。午后,二三千人的群众队伍在山北社头目的率领下浩浩荡荡进入县城。进入县公署大门,立即到西大狱救出被抓的乡亲,进而聚集仪门外找尹宏庆辩理。"当矛盾进一步激化,县知事"从腰中掏出手枪,企图以此威胁群众"时,更激起民愤。"山北社村民从后面把尹抱住,不少人上去拧腕夺枪。被村民痛打一顿,尹的大褂被扯碎,礼帽被打掉,缎子鞋被扔到房顶上。村民们推搡着这位县太爷出东门押往东山北的小学堂。四月初六清早,村民们将尹装在一辆大车上,背插招牌,九个壮汉持锄头在车上押送,后面千余人紧紧跟随,上京告状。"在对事态进一步发展的介绍中,该文虽没再提及山北社,但当更多官方势力介入时,可以推断出"山北社"已成为一个基层武装组织的代名词。"进京诉讼队伍行至涿县下胡良村,已接到消息的直隶巡防陈管带、杨统领与保定道尹许远震前往查办此事，也追赶到涿县。进京群众派出代表与其在涿县南关药王庙内会谈，代表们提出免除十三项捐税的要求。为了防止事情闹大，许道尹等人当场宣布同意免除十三项捐税，并答应撤换县知事尹宏庆。这场斗争以村民的胜利而告终。"由此，也可以理解何以《易县志》中的"山北社"是一个村名，而在其他县志等文献中则为一个基层社会组织之称。

（二）《固安县志》记载并简评山北社

1942年，钱仲仁修、王尚义等纂修《固安县志》时即将"山北社"视为一个始于易县一带、后流传至固安的会社组织。"该社发源于易涞广之山北村，专以抗捐仇视办公人员为目标"，"五年夏间山北社（俗名大刀会）流传到固，以半截塔村为该会之策源地"，会首系该村村民刘二台。其随后风靡固安，不仅因刘二台"以黄纸传贴为纠聚众术"，更因"山北社"（已是一个社会组织的代名词）在1916年阴历七月县署于骆驼湾集市征收牲畜税时的表现。"该会鸠（纠）众抗拒，将收税人肆行毒打。县传，抗不到案。愚民以为莫可如何，附和者众，其焰益张。""专以抗捐仇视办公人员为目标"的"山北社"随后出现在固安的更多村落。其中，中公由村的"山北社"势头迅猛，及八月，"会焰已驾半截塔而上之"。县队暨宫村驻防警备队到中公由村解劝时，"会首孙步蝉鸣钟鸠（纠）众，将县队打走，复将警备队长云世华囚该村大寺地窖中,赖是村张秉忠救济始免于难"。九月时,"山北社"已风靡固安全境,县署受包围。直至县长秘密派人进京面陈京兆尹,京兆尹派兵"潜行到固剿办,枪毙会首孙步蝉父子二人","徐县长将该会主要人酌行罚办,其款建筑县署花厅三间,余归修补城墙用","该会瓦解,余众亦均悔过自新","事遂弥平"。编者虽补注"山北社"在固安之兴消可见"县人王尚义山北社纪略",但从其主体部分描述用词及后附"按语"来看,其对山北社持贬斥态度。在其看来,山北社在固安境内聚众抗税、肆行毒打收税人员、驱逐前去劝解的县队暨驻防警备队并囚禁其队长,"其敢于作乱几于拳民无异"。而"山北社"在固安从"其初不过星星之火"到"地方大现乱象",与保安队长梁子丹的纵容有密切关系。"保安队长梁子丹见好该会,闪烁其词,蒙蔽徐性初县长,纪区董瑞亭迭报县署,梁受县委剿办,一向支吾,总未认真办理,遂而滋漫竟至仇法暴动",如在兴起之初即"严惩一二当不至有燎原之势"。①

新版《固安县志》② 在"大事记"与"军事"篇的"驻军""兵事纪略"中都提到了山北社。该著沿袭了民国《固安

---

① 钱仲仁修,王尚义等纂:《民国固安县志》卷四《故实志·兵事》,1942年铅印本,收入《中国地方志集成·河北府县志辑》第28册,上海书店出版社,2006年影印版,第273页。

② 赵复兴主编:《固安县志》,中国人事出版社,1998年,第301页。

县志》称山北社"俗名大刀会"的说法,主线描述也基本相同,但去掉了前者饱含感情色彩的"按语",并将山北社称为"山北会"(许是在名称上对"山北社"与"大刀会"的合并)。

(三)《涿州志》简单用笔山北社

民国《涿县志》与新版《涿州志》对山北社的用笔都较简,但都提到了地方士绅从中调解。相对而言,民国《涿县志》比新版《涿州志》用语稍多,言语间有些微责备;后者用语较为中立,但将涿县人民的加入称之为"声援",稍有肯定之意。前者言:

> 五年,易县山北社因抗杂捐竟挟该县县长来涿,声言赴京起诉。涿县人民附和并乘势将由涿试办之经界局在事人员全行驱逐,迟则殴辱以随其后。两县人民填塞街巷。嗣易县电请保定道尹许元震来涿,会同驻军之守备队营长陈长青及本县绅士尚廷弼等往返说和,其事遂寝。①

1997年版《涿州志》在"大事记"篇中,概述了涿县人民

---

① 民国《涿县志》第二编,收入《中国地方志集成·河北府县志辑》第26册,上海书店出版社,2006年,第41页。

参加山北社活动的经过。

> 民国五年,易县山北社抗杂捐,挟县长赴京请愿经涿。涿县人民声援,将在涿试办之经界局办公人员全部逐出。两县人民汇集街巷。保定道尹(易县属保定道)许元震来涿,会同驻涿之守备队及涿县士绅尚廷弼调解,政府允停征杂捐,其事方休。①

## 三、学术专文述论中的山北社

工具书、志书等在拥有简洁、权威等特性的同时,因受行文字数限制等,无法提供更详细的描述,或不便展开相关分析而充分揭示事件背后的复杂。相对而言,专文述论就可以在一定程度上弥补这些遗憾。

自中华人民共和国成立以来,学界对山北社的专文述论不多,现通过中国知网搜索可查到的主要是二十世纪五六十年代的两篇文章。

---

① 涿州市地方志编纂委员会:《涿州志》,方志出版社,1997年,第17页。

其中较早一篇是 1958 年卓天奇的《一九一五年山北社的扰捐抗税斗争》①。确切来说，该文是一篇建立在借鉴民国《涿县志》相关描述，与作者实地访谈基础上的史料性文章。文章开篇提道："山北社起于易县山北村，蔓延到涿县，是在大地主大买办阶级袁世凯的反动统治下形成的群众性的抗捐抗税组织"，对山北社进行基本性质界定。根据民国《涿县志》"正纪"中的相关记载，作者得出：山北社"原非专门组织，还谈不到什么固定的组织形式和纲领"。根据实地调研中当地人的反应，作者认为：山北社"不过是以山北村为行动单位，为了维护农民本身利益"，而出现的一个"有广泛代表性的群众性组织"。因为有当时人甚至当事人的回忆性口述，作者对山北社"以反对清丈地亩而开始"，经界局带着警卫到各村清丈土地引起人民不满、遭到反对，到山北村推出领导人去县城交涉、山北社群众冲进县政府逮捕县长，在押解进京途中获得涿县民众的支持，但又被地方士绅"进行欺骗性的调停，逐渐缓和了人民斗争的情绪"等经过，记述得较为详细、生动。最后，作者称："这种行动是统治阶级最不喜欢的。我们不能想象在官修文章中找到关于山北社的丰富史料。为了探索逸史，只好访问耆老，或者能从口头上有所传述。现在我所搜集的关于山北社的材料还不

---

① 卓天奇：《一九一五年山北社的扰捐抗税斗争》，《史学月刊》1958 年第 12 期。

够，仅提出来供作参考。"该文以实地走访当事人、当时人，再整理出来的口述史料是其最有价值的部分。至于其从标题到正文，将事发时间书写为1915年，稍后一起讨论时再做分析。

另一篇是1965年方庆秋、李定洲集中介绍《袁世凯统治时期农民群众的几次抗捐抗税斗争》时，在"反'清丈地亩'斗争"部分提到"1916年春在冀中爆发"的"由'山北社'领导的反清丈运动"。该文用1200余字简介了山北社发起并领导的反清丈斗争。文章认为，在山北社领导的反清丈运动同山东的反验契斗争、福建的反抗强迫种植鸦片和勒索鸦片捐的斗争，一起"加速了袁世凯反动政权的灭亡"。① 从行文的脚注看，该文主要援引了《东方杂志》和两则官书："1916年5月北洋政府京兆尹王达致内务部折呈"，与"1916年6月24日北洋政府隶巡按使朱家宝致内务部咨陈"。如今，单靠这两个脚注所提供的信息，仅有官书的时间和内容简称，很难按图索骥再寻到这些资料了。但它提供了一个思考与资料再搜阅的路径：山北社及其活动已引得地方甚至北京中央政府的关注，如《政府公报》等官书或有提及。

1995年张大鹏的《"山北社"考》，确切来说主要是对"新

---

① 方庆秋、李定洲：《袁世凯统治时期农民群众的几次抗捐抗税斗争》，《历史教学》1965年第11期。

版《辞海》"将山北社称为"民间社会团体"的质疑。① 该文认为,"山北社并非民间结社"之名,而系易县一个乡社之称,《辞海》对"山北社"一词的说法"有失准确"。依据之一是林传甲刊登在《地学杂志》1917 年第 1 期上的《易县入京纪程》一文:1916 年林传甲在省立易县中学任教,其在文中提到了山北社事件,称"北山之北即山北社,为易县三十六社之一,乃乡社之定名。今年滋事,京兆尹及直隶省长以为人民集会结社之名,不知其本自治之区域"等。作者认为,"林氏福建闽侯人,善著文,尤喜作乡土志,著述甚多。当时他在北京、易县两地任职,每月往返京易之间 8 次,所记当不致有误"。其依据之二是同在《地学襍志》第 1 期上的张右棠《涞水风土记》一文:该文显示易县附近(阔县)也是以社为基层行政单位。依据之三为作者本人:"原籍河北省涞水县西义安村,清末民初仍称馨贤社六甲人"。故,"以上例证,当知山北社并非民间结社"。最后,作者还补充性概述了社作为社会基层单位的历史:"社作为社会基层单位始于西周,它既是生产组织,又是行政单位。秦汉以后,社作为基层行政单位虽被乡里保甲代替,但乡社、村社、里社等社区称谓以及社仓、社学等名称并未消失。

---

① 张大鹏:《"山北社"考》,《河北师范大学学报》1995 年第 2 期。按该文发表时间推理及其中所引内容,所称"新版《辞海》"指的是 1980 年版《辞海》。

元代曾在基层建社，并规定50家为一社。明清以及民初并无此种定制。"至于在民初时易县、涞水等地为何仍以社为基层行政单位，"不属本文考证范围，不拟赘述"。作者求真的态度令人钦佩，其对《地学襟志》的援引扩展了我们研究该问题时的文献搜索范围，文中对"山北社"之名的追溯牵扯出一个常见于史学界的现象：以一地之名代之以其为主的相关历史事件。

## 四、 关于山北社的资料汇编

截至目前，关于山北社的资料汇编主要见于章伯锋、李宗一主编的《中国近代史资料丛刊·北洋军阀（1912—1928）》（简称"章本《北洋军阀》"）。

章本《北洋军阀》初版成书于20世纪90年代。中华人民共和国成立初期，中国史学会从整理历史文献入手开展新中国史学建设。为建立和推动在马列主义毛泽东思想指导下的中国近代史教学和研究，专门成立了由徐特立、范文澜、翦伯赞、陈垣、郑振铎、向达、胡绳、吕振羽、华岗、邵循正、白寿彝等著名学者组成的"中国近代史资料丛刊"总编辑委员会，制定出版近代史资料丛刊计划，确定丛刊的各个专题和负责各专题编辑的学者。在各方力量的积极推动下，《鸦片战争》《太平天国》《辛亥革命》等专题资料很快陆续出版，章伯锋、李宗一主编的《北洋军阀（1912—1928）》在 1990 年由武汉出版社出版。① 全书共六卷、七千余页、六百万字，分六册，每册一卷，体例精严、内容丰富。前五卷（即前五册）以专题形式汇编了 1912—1928 年北洋军阀为主的政治、军事资料，"力求较为全面地反映北洋军阀统治时期各个历史阶段一些重大历史事件的全过程"。如：第一卷即第一册"北洋军阀与北京政府"分类收录了介绍北洋军阀的军事沿革、北洋军队与军费、历届内阁、民初的政党社团，与"1921 年以前北洋军阀统治下的工农群众斗争"、北京政府重要法令条例选编等内容的史料，"其中有不少是首次刊出的原始资料和稿本"。第二、三、四、五卷大体参照时间先后顺序，分别以"袁世凯的独裁统治""皖系军阀与日本""直系军阀的兴衰""北洋军阀的覆灭"为题，对相关资料

---

① 该书主编之一章伯锋先生在"前言"中提道：是书前后经中国社会科学院近代史研究所研究员金毓黻、聂崇岐、荣孟源等同志主持编辑，由于种种原因时编时停，几经中辍。"文革"过后，此前积累的资料散失严重，很多工作在粉碎"四人帮"以后又重新提上日程，整个整理编纂因此经历了数十年。除该书外，另有来新夏主编《北洋军阀》五卷本，也作为《中国近代史资料丛刊》之一，在 1988—1993 年由上海人民出版社陆续出版。据中国社会科学院、中国历史研究院近代史研究所官网"本所概况·学术社团·中国史学会·出版物·史料丛刊·中国近代史资料丛刊 - 《北洋军阀》"介绍（网址：http://jds.cass.cn/bsgk/xsst/zgsxh/cbw/slck/201604/t20160427_5316370.shtml），"两本编撰体例相同，均按照时间顺序，依事件分类编入。章本多出几十万字，叙事稍祥（详）"。

进行收集、归纳。第六卷"北洋军阀大事要录"是关于1921年至1928年一些重要史事的记录，主要偏重于这一时期政治、军事、外交等方面的大事要事，与第一卷至第五卷所收史料互为补充，"又可作为研究和阅读民国史的必备参考用书"。北京政府时期的档案等资料历经战乱、大多散失，现存者也有很多残缺不全，很多问题缺少可供参考的系统史料，再加上少有可资借鉴的前人成果，而使一些专题研究"巧妇难为无米之炊"。章本《北洋军阀》不仅将原分散各处的资料汇集到一起，为相关研究提供了不少方便，且其中"有不少是首次刊出的原始资料和稿本"。① 是故，这套中国近代史资料自出版以来就一直在海内外学界有着不可替代的学术价值，和使人景仰的学术高度，成为中国近代史学习者、研究者非常倚重的一套资料。也是以，近年上海人民出版社、上海书店出版社与中国史学会、中国社科院近代史所合作，精修影印再版丛刊《鸦片战争》《太平天国》《第二次鸦片战争》《洋务运动》《回民起义》《捻军》《中法战争》《中日战争》《戊戌变法》《义和团》《辛亥革命》《北洋军阀》十二种。其中，《鸦片战争》《第二次鸦片战争》《义和团》《北洋军阀》《戊戌变法》几种于2021年首批重装亮相。

---

① 章伯锋、李宗一主编：《北洋军阀》第一卷，武汉大学出版社，1990年，第15—16页。

对此，各媒体争相重磅推荐、学界名家赞誉有加。① 2021年的再版是影印精装，因将第二卷分为第二、三两册，第三卷分为第四、五两册，而成为六卷八册本，其中内容未做任何变动。

章本《北洋军阀》关于山北社资料的汇集，首见其第一卷丁部"苛捐杂税与农民工人的反抗斗争"目。在该目第四组"农民抗捐抗税斗争（1912—1920年）"中，所列"4. 直隶易县涿县人民结社抗捐反清丈斗争"一组史料即是对山北社相关资料的初步收集与整理。这组史料共有五则，具体包括：京师警察厅长吴炳湘、京兆尹王达分别呈报涿县西北乡聚众抗议量地风潮与易县山北社抗捐、掳县知事情事的文稿，内务部与统帅办事处之间关于涿县等地抗捐事由往来函电，京兆尹王达报统率办事处呈文，与当京兆尹抄呈易县山北社结社合同等。② 另

---

① 如搜狐网推出的"好书·推荐 丨 章伯锋、李宗一主编《中国近代史资料丛刊·北洋军阀》"：https：//history. sohu. com/a/582615326_ 121119368；网易推出的"新史学荐书234 丨 中国近代史资料丛刊丨史料丨中国史_ 网易订阅"：https：//www. 163. com/dy/article/GSD1E8C50523DGPF. html；读书网推出的"北洋军阀（全八册）"：dushu. com https：//www. dushu. com/book/13875555/；"书香上海"微信公众号推出的"好书·推荐 丨 章伯锋、李宗一主编《中国近代史资料丛刊·北洋军阀》"：https：//mp. weixin. qq. com/s？__ biz = MjM5MjQ3NDIwMQ = =&mid = 2649569386&idx = 2&sn = fab08c55fb358844dd605d63a0ed0733&chksm = bebc2d5c89cba44a7d5fb8ce5809cc8b3d3231765bab006dcdf32e2d4d679e3c0eaca0233635&scene = 27；等等。

② 章伯锋、李宗一主编：《北洋军阀》第一卷，武汉大学出版社，1990年，第589—594页。

外，在这套资料汇编的第六卷也录有一些相关信息，如在"北洋军阀大事要录"中记有1916年5月，"是月，冀中地区发生山北社农民抗捐抗税斗争，规模之大，为袁统治时期仅见。"①

首先，这里汇总了迄今为止所能见、字数最多的山北社资料，尤其是官方关于山北社及其活动的一些记录他处难寻。如京师警察厅长吴炳湘、京兆尹王达的呈文与内务部与统帅办事处之间的函电，今天在《政府公报》等官书中很难再查到；有论著提到过"京兆尹抄呈易县山北社结社合同"，唯在此处得见合同原文。

再者，从内容来说，这些资料略述山北社起事背景，重点记录了其聚众抗捐的经过和结果。如从"京师警察厅吴炳湘呈文"②可得出5月8日前涿县、易县事情发展概况：（1）涿县事起于清丈土地，武力冲突前地方绅民曾为此与县有过两次交涉。第一次交涉是在4月③，各乡社经界分局准备开始丈量土地时，"绅民以禾苗在地，曾禀恳知事朱元炯缓期办理"，未得批示。第二次是在5月4日，"有司法巡警持票知照各村正副，克期分投（头）清丈"；次日午后，西北乡胡宁村一带村庄聚集五六百

---

① 章伯锋、李宗一主编：《北洋军阀》第六卷，武汉大学出版社，1990年，第94页。
② 同上书第一卷，第589—590页。
③ 原文为"三月间"，指的应该是农历。按公历，应是4月。

人到北门外大石桥地方,"求见知事,仍恳缓期,以免践踏禾苗"。朱知事带警员及多名巡警前往,称"丈量一事不能再缓",各乡民闻之"未免喧哗"。朱知事以大石桥"家道颇称殷实"的陈五为"此事发生"之倡导者,"当往其家,欲行带署鞫讯",遭到陈家人阻拦,同行的警员也以陈"年老多病,从旁劝止"。朱知事回县后,"即知照巡防营兵保护衙署";同时,巡防营、警员班会同商会会长、城绅万某出城劝解,"乡民始各散去"。总体看来,这两次乡民"请求缓期量地,既未进城,亦未持有器械,且无为首人带领,举动尚称驯服"。在交涉无效,县政府不能满足绅民提出的"缓期,以免践踏禾苗",且有武力倾向时,事态向激化方向发展,但在地方士绅的劝解下,形势仍在县政府可控制范围内。(2)涿县民众武力反抗始于5月6日;7日、8日,反抗升级,且与易县联手。6日上午,涿县城外大石桥聚众七八百人,将卢家场经界局中的丈量器具抢走,"并拥去书记二名,夫役四名",不过"随即放回"。7日,大石桥又聚集乡民千余人。当地士绅马洪升与商会总理,及"准军三营管带陈长清"与巡防营陈营长前往劝解、调停,"因乡民等跪地恳求不已,陈营长等允为维持而散"。是日,易县发生山北社聚集多人,涞水、广昌(涞源县)"每户出一人","约集三万余人",将易县县知事押解进京之事。8日行至涿县。(3)易县起事因县知事"科(苛)收果捐",有村民"违抗核桃捐"被

"县拘拿下狱"。事后，易县所属之山北社——"为多村联合会议之所"，聚众见县知事，"要求将被拘村人释放"，及"知事出见，竟被掳去"。

在 5 月 8 日的"京兆尹王达呈文"① 中，所陈情势发展与前吴氏呈文所述大致吻合，在细节上稍有出入。如据王达称，山北社系易县境内一地，在山北社一带有秘密结社，"宗旨不正"，"近联庄会性质"，逐渐发展"渐次延及涞水、涿县等处"。"涿县人民因受山北社影响，被人煽惑，反对经界测量"。5 日，经界分局与县知事因大石桥村民人曾有阻挠测量，"同往该村晓谕"，并带领班长班员赴地测量。初"安静无事"，及中午朱知事回县署后"村内忽鸣锣聚集二百余人"，将经界局长及班员"围绕要挟"。当"朱知事闻信带同警佐驰往弹压"时，"人已星散，村正亦已逃避"，测丈亦即暂行停止。6 日，大石桥又聚众数百人，"声言入城要求"，并先后至埝头村、沙坎村的经界局分所，"携去衣服、器具多件"，在莲池村"挟去调查员一人，测夫数人"后又去芦（卢）家场分所。

从 5 月 19 日到的"京兆尹王达报统率办事处呈文"② 看，

---

① 章伯锋、李宗一主编：《北洋军阀》第一卷，武汉大学出版社，1990 年，第 590—591 页。
② 同上书，第 592—593 页。

"清查田赋一事"在获准缓办,"众亦解散"后,"原可相安无事",但易县又提出减免新增"如清查地亩及屠宰税、席蓬捐、香核桃捐等项目","并有传言,非尽毁易县学堂、警局不可","其至以抗办新政为最后之要求"。在此期间,山北社"散步传单,联络邻县,秘密结合",以至"易县、涞水、涞源、涿县、房山、固安等县均已联合一气",甚至"定有合同"。"其总机关在易县山北社",涿县"亦有分机关","以易县山北社为进退"。京兆尹王达派人购得一份"山北社公议合同",但在拟派人改装入会时发现"该社防范极严,非有发辫并有五六人之妥保者不许收留"而"未能得手"。5月13日内务部与统帅办事处的往来公函①所述,基本与王达呈文一致,唯将涿县组织之名称之为"保卫团",附近村县入会后如有临时会议不到,"罚银百元"。

在肯定这套资料汇编最详尽史料的价值时,又不得不遗憾指出:这组史料的标题处有年份标注错误和标题名称(混淆公函收受方)错误,需要在援引时注意。这些错误在接下来考析山北社若干问题时,一并进行讨论、辨析。

---

① 章伯锋、李宗一主编:《北洋军阀》第一卷,武汉大学出版社,1990年,第591—592页。

基层社会组织与
近代河北社会治理（1840—1937）

# 五、"山北社"若干问题考析

结合上述各种情况，对"山北社"一词进行正解，就章本《北洋军阀（1912—1928）》若干相关史料进行考误，都是有必要的。

## （一）"山北社"一词正解

从上述关于山北社的各种已有书写来看，对该词出现不同的解释，源于模糊了其本义与泛化后的语义。

据《易县志·建置志》记载，易县从秦至南北朝时期为乡亭制，隋至元编村划乡，明清两代废乡划社，至民国中期1934年前后才为区乡制。村社制下的易县全域，有三十余社。据"清顺治二年村社表"，其中的山北社在城东北20里，下辖山北村、山南村、二十里铺、北桥头四个村，有民40户、男886丁、女445口。[①] 志书后文述及朱林领东八社团时也有提到，1915年朱林带领东八社团众反丈量土地，抗花果税，砸警察局，受易

---

① 易县地方志编纂委员会编，陈瑞泉主编：《易县志》，中央编译出版社，2000年，第118—122页。

州民众赞誉。其中的东八社包括宋村社、山北社、东隅社、北城社、城东社、高陌社、沈村社、百福社。① 即："山北社"本义系为：易县境内的一个基层社会单位。

但在民初反抗袁世凯政府清丈地亩而引起的加捐加税过程中，这一基层社会单位逐渐成为一个反抗苛捐杂税的活动中心，或者说期间有如朱林等山北社人在活动期间充当了领头人。是故，在人们的口口相传中，"山北社"从一个基层社会单位名称逐渐演变成为一个反抗苛捐杂税民间松散组织的称谓。随着事态的扩大，抗清丈地亩、反对苛捐杂税不只成为易县民众的表达，更得到了附近区县的响应。由是，"山北社"走出易县，被涿县、固安等地所援引，成为民间反抗官府横征暴敛的一个"名号"。再及京兆甚至京师，在京兆尹等地方官员的上报官书中，"山北社"就成了描述基层社会治理问题的一个代名词，甚至是一个专有名词。

从语言学的角度看，类似"山北社"词义泛化的现象屡见不鲜。如：明末时期，荷兰人到福建东南沿海，当时人们并不十分了解荷兰，以其发色称荷兰人为"红毛"。在明末文献中，"红毛"仅指荷兰。"为政不避强御，直行己意。红毛入寇，公

---

① 易县地方志编纂委员会编，陈瑞泉主编：《易县志》，中央编译出版社，2000年，第275—276页。

渡海败之于下门。"① 清末民初时期,"红毛"所指已经不是"荷兰"而是"西洋国家"。"你哪里懂得！我这个是大西洋红毛法兰西来的上好龙井茶,只要这么三四片就够了。"②

如果说在我国民间文学中有"箭垛效应",像胡适读《楚辞》时对于"屈原是谁",断定"屈原是一种复合物,是一种'如诸葛亮借箭时用的草人'的'箭垛式'的人物,与黄帝周公同类,与希腊的荷马同类"③,而感叹民间叙事中的泛化,继而理解为：箭垛式人物的形成与民众的日常生活紧密相连,人物的形象灵敏地反映着当时民众对人物形象和现实生活的态度及愿望。④ 那么,"山北社"一词的泛化实际上也反映了民国初年地方社会普遍存在对袁世凯政府的不满。

## （二）章本《北洋军阀（1912—1928）》若干史料考误

从形式上看,章本《北洋军阀（1912—1928）》中几则有关

---

① 黄宗羲：《海外恸哭记》附录二。
② 吴趼人：《二十年目睹之怪现状》第六回。
③ 胡适：《读楚辞·屈原是谁》,《胡适文存》二集卷一,上海亚东图书馆,1924年,第141—144页。
④ 王伟杰：《多面性"箭垛式人物"的形成原因及其启示》,《民俗研究》2013年第5期。

山北社的史料标题有误。具体来说,一种是标题中所附年份错误,一种是标题所示函电收受方颠倒之误。

1. 标题所附年份错误

该组材料标题"直隶易县涿县人民结社抗捐反清丈斗争",及其中第一则史料"京师警察厅长吴炳湘呈文"后附时间,不应是"1914年5月",而应为"1916年5月"。

首先,如前所述,易县、涿县等地的结社反抗,源因袁世凯政府的《清丈地亩令》而起,而该法令颁行于1914年12月,由此引发的农民抗争在时间上不可能是1914年5月。

民国成立之初,因清代田赋鱼鳞册在经过历次战乱后散失无存,"官无可考之粮籍",地方征收田赋时缺乏凭据而百弊丛生,有的有田无粮,有的有粮无田,十分混乱。1913年秋,内务部设全国土地调查筹办处,以测绘舆图、清丈田亩为主,以创学校、定图例、齐尺度为次,并定各省办理年限,以期次第图功。但不久又令裁撤。1914年,向恃借债得以维持的北京政府因连年战事军耗庞大而财政更加困难,政治地位日益巩固的袁世凯急于通过清丈土地、整理税收而在财政方面获得充实。财政部在下令各地方政府查得旗地确数时即称,"随时估价出售人民既得恒产，国家亦籍增收入"。① 及梁士诒主张按前清税务司长赫德光绪三十年之条陈，通过整顿地丁、增加田赋时，得到大总统袁世凯的赞同。是年 12 月 11 日，袁世凯政府颁行《清丈地亩令文》②。文称：

> ……自明季以来各处田亩未清理者为时已久，上中下九则之地质多有混淆，缩弓宽弓之丈尺亦不而一，于是豪强隐占，贫弱受亏，飞洒倒累，流弊日滋。前清时胡林翼之抚湖北，张之洞抚山西，皆以清理田亩为行政要务，良有以也。近畿旗地、庄田、卫所、马厂以及各色地亩，名目尤多，往往私相贩买，册在地无，令甲虚悬，名禁实垦。加以河道之变迁边境之开拓，有昔为膏腴而今成水冲沙压者，有旧本泽薮山场而今艺稻粱者。更有契典隐诡过割不清，或种无粮之地，或纳无地之粮。……

由此，袁世凯打着"不为清理，必致病民病国"的旗号，提出"先由京兆区域筹办清丈，以次推行"，"著内务部、财政部会同

---

① 第二历史档案馆编：《中华民国档案资料汇编》第三辑，江苏古籍出版社，1991 年，第 1607 页。
② 章本《北洋军阀》第六卷，武汉大学出版社，1990 年，第 68 页。

酌定办法呈候,特派丈员设局编制,先就各色地亩最为淆混之处妥为办理"。①

易县、涿县一带,是旗人生活较为集中的地区,有此前享受特权而无须交租的大片土地,也有穷苦农民为解决饥饿与贫困而在荒山上开垦出的一些"不在册"田地。若此时重新清丈,这些地亩则很容易入列缴纳田赋名单,更遑论地方以清丈地亩之际又增加更多名目的苛捐杂税。故,从袁世凯政府派员成立经界局、准备丈量土地开始,就遭到地方不同形式的反对,以反对清丈地亩、反抗苛捐杂税为目的的斗争此起彼伏。其中,易县、涿县等地因近京师,且声势浩大而成为地方甚至中央都较为关注的问题。章本《北洋军阀》第一卷,将京师警察厅长吴炳湘、京兆尹王达分别呈报涿县西北乡聚众抗议量地风潮与易县山北社抗捐、掳县知事情事的文稿,内务部与统帅办事处之间关于涿县等地抗捐事由往来函电,与当时因此而组织起来的山北社为聚众而拟定的结社合同等相关史料收集到一起,以"直隶易县涿县人民结社抗捐反清丈斗争"为这一组资料的标题,集中反映了那段历史。但其后标注的时间应该是1916年5月,而不是应为现版的"1914年5月"。

---

① 《政府公报》1914年12月12日。章本《北洋军阀》第一卷,武汉大学出版社,1990年,第546—547页。

再者，根据呈文中的"京兆尹设立经界局"等语可辨析出，该文应发生在 1914 年 10 月有"京兆地方"一说和"京兆尹"一职之后。据载，1914 年 10 月 4 日袁世凯公布《京兆尹官制》，改顺天府为京兆地方，置京兆尹。① 1914 年 12 月 11 日发布清丈地亩令。1915 年 4 月，蔡锷根据袁世凯和财政、内务部的要求成立京兆经界行局，同时分派专职人员，开展相关工作。6 月，蔡锷又呈准在京兆的涿县、良乡两县试办经界，拟两年办竣后逐渐推广到全国。故，呈文中所说的涿县在"去年冬间，经京兆尹设立经界局"，应为 1915 年冬，呈文时间应为"1916 年 5 月"。

另外，从京兆尹王达、京师警察厅长吴炳湘的任职时间也可以对此进行佐证。章本《北洋军阀》"编辑说明"也有"本书所收资料，均于篇末注明来源出处"。而该组资料末有"其处理经过于 1916 年 6 月 24 日报告内务部"，也可再证文中所说的涿县在"去年冬间，经京兆尹设立经界局"系 1915 年冬。

总之，章本《北洋军阀》与前述卓天奇文中所写的 1915 年时间有误。想来这些错误属于意识笔误，但后人引用时仍应注意之。

2. 标题颠倒了函电收受方

据章本《北洋军阀》的"编辑说明"言："本书所收资料，

---

① 章本《北洋军阀》第六卷，武汉大学出版社，1990 年，第 65 页。

均于篇末注明来源出处,未注明者系选录自中国社会科学院近代史研究所收藏的文电函札原件或抄件,因这部分资料数量较多,且散见于各大小专题,故不一一注明。文电原件一般无标题,现标题均为编者所加。其他资料标题有些也有所改动。"①即,文中标题为后来编者所加,用来概括该史料大意。但其中所列第三则材料标题"内务部致统率办事处公函(5月13日)",显然与史料中的内容不符。

首先,该函落款为"统率办事处",即:统率办事处为该公函的发出方,而非标题所显示的收函方。

再,本组第四则材料"京兆尹王达报统率办事处呈文"中有提到,"适于十六日,承准统率办事处函开,以准大部转京师警察厅陈报"等语,此函即彼函:由统率办事处发出,收函方为内务部——京兆尹口中的"大部"。故,该材料标题应修正为"统率办事处致内务部公函"。

综上所述,学界对山北社的已有关注让我们对相关历史多了些了解;但同时,这些已有书写中的分歧、误写等,需要在日后开展相关研究前加以厘清。这也是本文写作的主要目的。

---

① 章本《北洋军阀》"编辑说明",武汉出版社,1990年,第1页。

## 附：《中国近代史资料丛刊·北洋军阀（1912—1928）》第一卷几则相关史料详文[①]

### 丁部：苛捐杂税与农民工人的反抗斗争

#### 四、农民抗捐抗税斗争（1912—1920 年）

#### 4. 直隶易县涿县人民结社抗捐反清丈斗争（1914 年 5 月）

##### （1）京师警察厅长吴炳湘呈文（1914 年 5 月 8 日）

敬陈者。昨闻涿县人民有扰乱情事，当派探前往确查。兹据查得该县于去年冬间，经京兆尹设立经界局，派雷振镛为局长，总局在城内火神庙，并于各乡设分局二十余处。至本年三月间开始丈量，绅民以禾苗在地，曾禀恳知事朱元炯缓期办理，迄未批示。本月四日，有司法巡警持票知照各村村正副，克期分投清丈，五日午后，西北乡胡宁村一带村庄聚集男女五六百人，齐至北门外大石桥地方，求见知事，仍恳缓期，以免践踏禾苗。朱知事遂带警员及巡警多名前往，对众宣言丈量一事不

---

[①] 武汉出版社，1999 年，第 589—594 页。

能再缓，各乡民闻之，未免喧哗。大石桥地方有住户陈五，年七十余岁，素日多病，家道颇称殷实。朱知事以此事发生或系陈主动，当往其家，欲行带署鞫讯，而陈之眷属抗不放行，警员班连奎谓陈年老多病，从旁劝止。朱知事回署，即知照巡防营兵保护衙署。该营陈管带暨警员班连奎协同商会会长周宝铨、城绅万某出城排解，乡民始各散去。至七日，大石桥地方又集有乡民千余人，经陈营长等复往劝解，因该乡民等跪地恳求不已，陈营长等允为维持而散。现城内各商号照旧营业，秩序如常，城门各有巡警三、四名逻守，并有京兆西路司令王文锦带步队二十名，马队四名巡缉弹压。又查该乡民等两次请求缓期量地，既未进城，亦未持有器械，且无为首带领，举动尚称驯顺，陈营长等正在办理善后。惟闻朱知事有坚持到底之说等情，具复前来，理合陈报钧鉴。吴炳湘谨上，五月八日。

敬陈者。据探员报称，简直隶易县知事有被掳情事，当往确查。系该县某村民人前因违抗核桃捐，经县拘拿下狱，该县所属有山北社，为多村联合会议之所，本月七日，遂由该社聚集多人往见知事，要求将被拘村人释放。知事出见，竟被掳去，不知何往等情，理合陈报钧鉴。吴炳湘谨上，五月八日。

敬陈者。涿县民人因清丈地亩，激起风潮一事，业将探报情形具陈察阅。兹复据另探报称，前往实地调查，该县于五月六日十钟余，城外大石桥地方陡聚男女七八百名口，将卢家场经界局中丈量器具抢走，并拥去书记二名，夫役四名，随即放回。七日经本地绅董马洪升、准军三营管带陈长清、商会总理周保全出为调停解散。又侦得易县、涞水、广昌今改涞源三县民人每户出一人，约集三万余名，于七日将易县尹知事用车拉至涿县北门外胡良村。现仍于涿县西门外厂集三万余人，声言将尹知事拉进京内，与之起诉。详查起事之由，系因尹知事科收果捐激起事等情，理合并陈钧鉴。吴炳湘谨上，五月八日。

### （2）京兆尹王达呈文

谨将涿县人民因被煽惑，反对经界测量，聚众要挟一案，所有本月八日以前查办大概情形，缮具节略，恭陈钧鉴。

窃达前闻易县山北社一带秘密结社，宗旨不正，迹近联庄会性质，渐次延及涞水、涿县等处，当经飞函直隶巡按使伤县查办一面密饬所属二十县预为防范。嗣闻涿县人民因受山北社影响，被人煽惑，反对经界测量，即派警备队总司令处执法科员黄承瑞会同涿县知事朱元炯妥速相机办理，并饬警备队西路司令王国翰（以上在是书590页）酌带队伍前往弹压。迭据先后报告，五月五日午前，经界分局雷局长、涿县朱知事因该县大石桥村民人曾有阻挠测量情形，同往该村晓谕开导，一面带领班长班员赴地测丈，安静无事。十二钟时，朱知事回署，后约一钟时，村内忽鸣锣聚集二百余人，遽将雷局长及班员等围绕要挟，各该员因其不可理喻，分避回局，通知县署。朱知事闻信带同警佐驰往弹压，彼时人已星散，村正亦已逃避，测丈亦即暂行停止。六日大石桥人民聚众数百人，声言入城要求，先至垓头村分所滋扰，继至沙坎村分所，携去衣服、器具多件，最后在莲池村挟去调查员一人，测夫数人，又赴芦家场分所滋扰。维时黄委员亦已抵涿县，城四门业经印委布置周密，并由警备队驻兵防守，黄委员即与朱知事会同军警绅商驰往大石桥劝谕解散，令将经界局被留人员先即时送回，遗失物件全数缴还，并将为首滋事之人送出究惩。该村人等于前二事均经承认，其为首之人，允俟查明再行交出，乡众既未进城，秩序亦未扰乱。正在商办善后间，七日下午，又闻易县人民挟同易县知事赴京控告，路经涿县，并经该县印委竭力劝阻，幸未入城滋事。闻保定道尹许元震已赴易县查办，又经分别函电直隶朱巡按使、保定许道尹查照，并饬涿县印委加意防范，务保无虞。兹于八日下午六时，据涿县印委朱元炯等本日电禀，涿县乡民业已解散，惟易县乡民聚集多人，仍在涿县逗留，保定道尹亦已奉委到涿。除再电商直隶巡按使迅将易县乡民设法解散，一面通饬涿县及附近各县一律严防，并随时将查探情形报告外，理合先将大概情形驰报鉴核。京兆尹王达谨呈。

### (3) 内务部致统率办事处公函　5月13日

迳密启者。据京师警察厅陈报,据探报称,涿县城南十二里许南胡宁村,其地与涞水县毗连,现在该村乡民因抵抗新行税捐起见,在本村娘娘庙设立公议保卫团,联络各村入会,每村须带有发辫者五六人,立有合同、保证章程,其宗旨欲将各项新章捐款及果木税项一律要求取消,仍照旧例差徭办理,否则决议反对,以期达到目的。又有房山、固安等县属村庄,纷纷入会,均有合同列名签字,如临时会议不到,载明罚银百元。该团并与易县山北村及涞水、涞源等县互相联络,要求取消新捐,必俟官署认可出示后,方能解散等情,业经饬行京兆尹并电知直隶巡按使,即日筹商抚辑解散办法。惟该处密迩京畿,关系重要,诚恐再有乱徒混入其中,假借名义,煽惑生事,滋蔓堪虞,用特函达贵处,希即酌核办理。此致。统率办事处。

### (4) 京兆尹王达报统率办事处呈文　5月19日到

谨将易、涿两县人民聚众解散后调查情形,开具清折,恭陈钧鉴:窃查易、涿人民,聚众滋事,前经会同直隶先后解散,业将办理情形两次折报在案。此次涿县人民原只要求缓办经界测量,一经劝谕,即行解散,并先将挟去班员夫役以礼送回,其分所遗失物件并允查明缴还。际此瞬届农忙青苗在地,业经会商照准,将经界事宜缓至秋后再办,已于月之九日饬令涿县出示晓谕周知。

至清查田赋一事，前奉通令照办，达以京兆既有经界局创办经界，曾咨准财政部缓办，以纾民力，且免重复，而经界开始亦只涿县，现既照准缓办，众亦解散，原可相安无事。惟易县人民解散以后，所主张者系在减免新增捐税，如清查地亩及屠宰税、席蓬捐、香核桃捐等项目；并有传言，非尽毁易县学堂、警局不可，该县学生多已闻风回家；甚至以抗办新政为最后之要求。并由山北社散布传单，联络邻县，秘密结合，易县、涞水、涞源、涿县、房山、固安等县均已联合一气，订有合同。当即分派员弁暗地侦察，并饬涿县知事设法遏绝。自十三日起至十六日止，迭据该知事及派出员弁按日密报，实系易民为之主动，涞水、涞源原隶易州，连带关系，由于习惯，即涿县之事亦导源于易县。房山、固安不过附近数村受其煽惑。其总机关即在易县山北社，涿县南胡凝村（前书为"南胡宁村"）亦有分机关，闻系王、杨二人为首，以易县山北社为进退。达已派人购得山北社公议合同一纸，另纸录陈鉴核。察其内容，团体既甚坚固，亦非一无知识。原拟派人改装入会，借以侦察真相，惟该社防范极严，非有发辫并有五六人之妥保者不许收留，未能得手。至前次附和滋闹经界局之人，已据涿县知事拿获李长永、李辉、任义和、朱万成、薛福海五名，并起获经界分所失物多件。当即派员驰往涿县，密谕该县知事，暂先严押，俟事定后，再行分别审办，以免操之太急，别滋事端。一面随时防范，首以杜绝山北社勾结煽惑为第一要义。所有向办新政，各该绅乡民等业已表示反对，现在系派商董耆老分头劝解。此中利害情形，并已由达备具简明告示，分发所属各县张帖晓谕，民心颇形安定。

日前奉文停止兑现，涿县设有中国分银行，诚恐借端滋事。达又饬县出示晓谕，并与商会设法维持，凡完纳钱粮租税及一切公款，县署概收钞票，并由该分行仿照京师办法，准其兑换铜元，市面亦尚不恐慌。所有涿县境内，仍由京兆西路警备队分防驻扎，地方安谧，秩序如常。惟易事一日不决，则邻县蔓延仍属在在堪虞。昨又派员驰赴易县实地调查，尚未得复。正在具文报告间，适于十六日，承准统率办事处函开，以准大部转据京师警察厅陈报易县、涿县现在情形，饬即筹商抚揖解散办法，并以该处密迩京畿，关系重要，诚恐再有乱徒混入其中，假借名义，煽惑生事，滋蔓堪虞，函嘱转饬所属营县，严密防范，以杜党徒勾煽等因。除委员商请直隶巡按使对于易县速筹根本解决方法，并分饬所属各县及警备队严密防范，力杜勾煽，暨函复统率办事处并分报国务院外，所有涿县现在情形，理合驰报，伏乞钧鉴。京兆尹王达谨呈。

### (5) 京兆尹抄呈易县山北社结社合同

谨将密查易县山北社合同底稿录陈钧鉴。

立合同各村人等,因前清退位,新政兴,诈骗杂捐层层迭出,不知如何禁止,因此各村公同商议,有事相助,有祸同挡,连落〔络〕通气,以鸣锣为计〔记〕。如一村不到定罚洋一百元,一家不到罚洋十元。如为公事被伤者,大家共同膳养;为公事伤命者,公助洋五百元。此系共同商议,各无二心,恐口无凭,立合同为证。

说明:山北社农民聚众抗捐反清丈,声势很大,直隶巡按使惧事态扩大,遂以劝谕解散办法,并由"城乡绅董"负责交纳"所有粮赋杂税及学警各捐",草草了事。其处理经过于1916年6月24日报告内务部。

# 参考文献

## 一、资料部分

### (一) 古籍

1. 〔东晋〕袁宏撰,张烈点校:《两汉纪·后汉纪》,中华书局,2002年。

2. 〔元〕马端临撰:《文献通考》,中华书局,1986年影印本。

3. 〔宋〕司马光编著,〔元〕胡三省音注,"标点资治通鉴小组"校点:《资治通鉴》,中华书局,1956年。

4. 〔明〕王守仁著,吴光等编校:《王阳明全集》,上海古籍出版社,1992年。

5. 〔清〕纪昀著,汪贤度校点:《阅微草堂笔记》,上海古籍出版社,1980年。

6. 中国第一历史档案馆编:《咸丰同治两朝上谕档》第三册,广西师范大学出版社,1998年。

## （二）地方志等地方文献

1. 民国《南宫县志》。
2. 民国《广宗县志》。
3. 民国《威县志》。
4. 民国《柏乡县志》。
5. 民国《涿县志》。
6. 民国《新城县志》。
7. 民国《定县志》。
8. 民国《清河县志》。
9. 民国《成安县志》。
10. 民国《固安县志》。
11. 民国《安次县志》。
12. 民国《顺义县志》。
13. 民国《完县新志》。
14. 民国《文安县志》。
15. 民国《房山县志》。
16. 民国《任县志》。
17. 民国《香河县志》。
18. 民国《磁县志》。
19. 民国《获嘉县志》。
20. 民国《元氏县志》。

21. 光绪《唐山县志》。

22. 《河北省藁城县乡土地理》。

23. 民国《藁城县志》。

24. 民国《霸县新志》。

25. 河北省地方志办公室整理点校：《民国河北通志稿》，北京燕山出版社，1993年。

26. 河北省地方志编撰委员会编：《河北省志》第62卷《政府志》，人民出版社，2000年。

27. 顺义县地方志编纂委员会编：《顺义县志》，北京出版社，2009年。

28. 永清县志办公室编：《永清县志》，河北人民出版社，2000年，

29. 北京市房山区志编纂委员会编：《北京市房山区志》，北京出版社，1999年。

30. 廊坊市志编修委员会编，曹渊主编：《廊坊市志》，方志出版社，2001年。

31. 赵复兴主编：《固安县志》，中国人事出版社，1998年。

32. 易县地方志编纂委员会编，陈瑞泉主编：《易县志》，中央编译出版社，2000年。

33. 涿州市地方志编纂委员会编：《涿州志》，方志出版社，1997年。

34. 承德市政协文史资料委员会编：《承德文史文库》，中国文史出版社，1998 年。

35. 李欣主编：《承德县志》，内蒙古科学技术出版社，1998 年。

36. 中国人民政治协商会议河北省承德市委员会文史资料研究委员会编：《承德文史》，出版情况不详（内部发行）。

37. 黄风岐编：《朝阳史话》，辽宁人民出版社，1986 年。

38. 河北省地方志编纂委员会编：《河北省志·军事志》，军事科学出版社，2000 年。

39. 隆化县地方志编纂委员会编：《隆化县志》，河北人民出版社，2001 年。

40. 宽城县志编纂委员会编：《宽城县志》，河北人民出版社，1990 年。

41. 围场满族自治县志编纂委员会：《围场县志（稿）》，出版情况不详（内部发行）。

42. 兴隆县志办编：《兴隆县志》，新华出版社，2004 年。

43. 建昌县志编纂委员会办公室编：《建昌县志》，辽宁大学出版社，1992 年。

44. 建平县志编纂委员会编：《建平县志》，辽海出版社，1998 年。

45. 朝阳县地方志编纂委员会编：《朝阳县志》，辽宁民族出版社，2003年。

46. 凌源县志编纂委员会编：《凌源县志》，辽宁古籍出版社，1995年。

47. 宁城县志编纂委员会编：《宁城县志》，内蒙古人民出版社，1992年。

## （三）官书

1. 中国第二历史档案馆整理编辑：《政府公报（影印本）》第047册—第138册（1915—1918年）。

2. 河北省政府编：《河北省政府公报》（1929—1932年）。

3. 河北省民政厅编印：《河北民政汇刊》（1928—1930年，第1~9编）。

4. 河北省民政厅编印：《河北民政刊要》（1932—1935年）。

5. 河北省民政厅编印：《出巡纪实》（1929年）。

6. 河北省民政厅编印：《河北月刊》（1935年）。

7. 河北省政府民政厅视察室编印：《视察特刊》（1928—1929年，第1~2号）。

8. 河北省政府民政厅编印：《半年工作撷要》（1928年7月—12月）。

9. 《北平特别市市政公报》（1930年）。

### (四) 档案

1. 顺义区档案馆馆藏档案。

2. 北京市档案馆馆藏档案。

3. 中国第一历史档案馆馆藏顺天府档案。

4. 中国第二历史档案馆编:《国民党政府政治制度档案史料选编》,安徽教育出版社,1994年。

### (五) 资料汇编

1. 中国第二历史档案馆编:《中华民国史档案资料汇编》,江苏古籍出版社,1998年。

2. 蔡鸿源主编:《民国法规集成》第13册,合肥黄山书社出版,1999年。

3. 戴鸿映编:《旧中国治安法规选编》,北京群众出版社,1985年。

4. 燕冠卿编:《河北省定县地方保卫团始末汇编》,1937年线装铅印本。

5. 李新总编,韩信夫、姜克夫主编:《中华民国大事记》第一册,中国文史出版社,1997年。

6. 中国农村惯行调查刊行会编:《中国农村惯行调查》(第一卷),东京岩波书店,1981年。

7. 故宫博物院明清档案部编:《清代档案史料丛编》第五

辑，中华书局，1980 年。

8. 中国第二历史档案馆编：《中华民国史档案资料汇编》第五辑《军事（一）》，江苏古籍出版社，1998 年。

9. 中国农村惯行调查刊行会编：《中国农村惯行调查》（第一卷），东京岩波书店，1981 年。

## （六）辞典类

1. 陈旭麓、方诗铭、魏建猷主编：《中国近代史词典》，上海辞书出版社，1982 年。

2. 辞海编辑委员会编：《辞海·历史分册·中国近代史》，上海辞书出版社，1980 年。

3. 辞海编辑委员会编纂：《辞海》（中），上海辞书出版社，1999 年普及本。

4. 王进、杨江华主编：《中国党派社团辞典》，中共党史资料出版社，1989 年。

5. 中国历史大辞典·历史地理卷编纂编委会编：《中国历史大辞典·历史地理》，上海辞书出版社，1996 年。

## （七）报纸、期刊

1. （天津）《益世报》。

2. （天津）《大公报》。

3. 河北省政府河北月刊社编印：《河北月刊》（1933—1937年）。

4. 燕京大学社会学系编印：《社会学界》（1934—1938年）。

5. 《众志月刊》（1934—1935年）。

## 二、论著部分

### （一）著作

1. 李景汉编：《定县社会概况调查》，上海人民出版社，2005年。

2. 罗尔纲：《太平天国史》（全四册），中华书局，1991年。

3. 赵福寿主编：《邢台通史》，河北人民出版社，2003年。

4. 乔志强主编：《近代华北农村社会变迁》，人民出版社，1998年。

5. 黄宽：《从坞堡到山水寨——地方自卫武力》，生活·读书·新知三联书店，1992年。

6. 胡恒：《皇权不下县？——清代县辖政区与基层社会治理》，北京师范大学出版社，2015年。

7. 施坚雅主编，叶光庭等译，陈桥驿校：《中华帝国晚期的城市》，中华书局，2000年。

8. 魏光奇：《官治与自治——20世纪上半期的中国县制》，商务印书馆，2004年。

9. 郑起东：《转型期的华北农村社会》，上海书店出版社，2004年。

10. 李景汉：《定县社会概况调查》，上海人民出版社，2005年。

11. 李文海主编：《民国时期社会调查丛编》，福建教育出版社，2014年。

12. 郭廷以：《近代中国史纲》，中国社会科学出版社，1999年。

13. ［美］孔飞力著：《中华帝国晚期的叛乱及其敌人》，谢亮生、杨品泉、谢思炜译，中国社会科学出版社，1990年版中译本。

14. ［美］费正清编：《剑桥中国晚清史》上卷，中国社会科学院历史研究所编译室译，中国社会科学出版社，1993年。

15. ［加］陈志让：《军绅政权——近代中国军阀时期》，生活·读书·新知三联书店，1980年。

16. 闻钧天：《保甲制度》，商务印书馆，1935年。

17. 韩延龙、苏亦工：《中国近代警察史》，社会科学文献出版社，2000年。

18. 黄宽重：《从坞堡到山水寨——地方自卫武力》，生活·读书·新知三联书店，1992年。

19. 社会科学院法学研究所法制史纲研究室编：《中国警察

制度简论》，群众出版社，1988年。

20. 董江爱：《山西村治与军阀统治（1917－1927）》，中国社会科学出版社，2000年。

21. 章伯锋、李宗一主编：《北洋军阀》第一卷，武汉大学出版社，1990年。

22. 龚书铎等：《中国社会通史》，山西教育出版社，1996年。

### （二）论文

1. 魏光奇、丁海秀：《清末至北洋政府时期区乡行政制度考略》，《北京师范大学学报（社会科学版）》2004年第2期。

2. 崔岷：《游移于官绅之间：清廷团练办理模式的演变（1799—1861）》，《史学月刊》2019年第7期。

3. 崔岷：《咸丰初年清廷委任"团练大臣"考》，《历史研究》2014年第6期。

4. 宋桂英：《清代团练问题研究述评》，《文史哲》2003年第5期。

5. 张松梅、王洪兵：《青苗会组织渊源考》，《东方论坛》2010年第1期。

6. 张研：《清代中后期中国基层社会组织的纵横依赖与相互联系》，《清史研究》，2000年第2期。

7. 李惠民：《太平军在北京》，《近代史研究》1997年第3期。

8. 牛贯杰：《从"守望相助"到"吏治应以团练为先"——从团练组织的发展演变看国家政权与基层社会的互动关系》，《中国农史》2004年第1期。

9. 杨学新、庞琳：《20世纪二三十年代河北农村社会状况调查述评》，《河北学刊》2010年第4期。

10. 任吉东：《近代华北乡村社会治理的双重话语——以获鹿县为例》，《中国农史》2009年第2期。

11. 张松梅：《近代华北乡村社会研究视野下的青苗会组织》，《历史教学（高校版）》2008年第11期。

12. 张思：《19世纪华北青苗会组织结构与功能变迁：以顺天府宝坻县为例》，《清史研究》2006年第2期。

13. 张守常：《太平军北伐和北方的群众斗争》，《北京师范大学学报（社会科学版）》1979年第6期。

14. 王洪兵：《清代顺天府与京畿社会治理研究》，南开大学博士学位论文，2009年。

15. 乔莹：《民国时期华北民间组织与乡村社会关系研究——以"满铁"调查六村为中心》，山东大学硕士学位论文，2017年。

16. 朱浒、赵丽：《燕大社会调查与中国早期社会学本土化实践》，《北京社会科学》2006 年第 8 期。

17. 黎志辉：《二三十年代的中国共产党和民团》，江西师范大学硕士学位论文，2004 年。

18. 陈明芝：《滨州民团研究（1912—1949）》，山东大学硕士学位论文，2007 年。

19. 谢贵平：《民国时期的山东匪患与民众自卫（1911—1930）》，山东大学硕士学位论文，2005 年。

20. 何文平：《政府的两难与地方的失控：民国初年广东的民团问题》，《晚清以降的经济与社会——第二届中国近代社会史国际学术研讨会论文集》，2007 年 8 月广州。

21. 倪侃：《略论国民革命中的红枪会运动》，《宁夏社会科学》2002 年第 4 期。

22. 王天奖：《也谈本世纪 20 年代的枪会运动》，《近代史研究》1997 年第 5 期。

23. 卓天奇：《一九一五年山北社的扰捐抗税斗争》，《史学月刊》1958 年第 12 期。

24. 方庆秋、李定洲：《袁世凯统治时期农民群众的几次抗捐抗税斗争》，《历史教学》1965 年第 11 期。

25. 张大鹏：《"山北社"考》，《河北师范大学学报》1995 年第 2 期。

# 后 记

如前言所说,呈现于大家眼前的这本书,是河北省社会科学基金项目课题成果,也汇总了近二十年来我关注近代河北地方社会有关成果的一些小文。这一路走来,行至此处,感慨万千!

首先,想说感谢历史。中华民族是历史最为悠久且不曾中断过的伟大民族。先后相承、绵延而继的历史发展,留给我们中国后人无尽的思考与智慧。"以铜为鉴,可以正衣冠;以人为鉴,可以知得失;以史为鉴,可以知兴替。"这不仅是唐太宗想念魏征时对群臣的感叹,也是对历史财富的解读。基层社会治理是任何政权都必须面对的问题。在长达数千年的历史过程中,中国传统社会形成了一套独特的社会治理模式。鸦片战争后,列强对中国的侵略日益加重,中国逐渐从封建社会沦为半殖民地半封建社会。在这一历史背景下,不仅中国社会遭遇"千年未有之大变局",传统的社会治理模式也受到冲击,社会治理主体、治理对象与治理方式都开始发生转变。可以说,从1840年英帝国主义用枪炮打开中国大门,到1937年日寇大举侵华阻碍了中国近代化的进程，中国在这近百年中经历了太多，基层社会治理诸问题呈现出：治理对象复杂化、治理主体多元化，治理方式日渐近代化等特点。今天对这段历史的回首，是为了明天更好地走下去。为此，感谢历史留给我们的财富。

其次，感谢伴我这个仍是历史界"小白"一路走来的诸位老师。是你们引领我入门、到历史的浩瀚大海中游历。转眼间，当年从大学阶段的英语教育专业到考研时跨到历史学，再到今天，已有二十多年的时间。余生性愚钝，所以在跨专业考研时对人所语的"听说读史可以使人明智，我需要明智"，并非自谦。过去二十多年，蒙各位不弃，吾更不敢言停，故如蜗牛般一点点努力前行。且不说自己这期间得到了多少肯定，单是这份陪伴就让我至今无悔当初的选择！

再次，感谢帮助我们完成课题与这部书稿顺利出版而付出的亲朋好友，甚至素未谋面的人！是你们帮我们圆梦、给了我们继续走下去的希望和力量！有你们的肯定与鼓励，相信我们能走得更远、更坚定。

最后，祈愿我们伟大的中华民族福泽绵长！

吕书额<br>二○二四年 初夏